Biblioteca de Derecho Comparado

Luigi Moccia
(Director)

Carlos Antonio Agurto Gonzáles
Sonia Lidia Quequejana Mamani
Benigno Choque Cuenca
Luis Alejandro Luján Sandoval
(Coordinadores Generales)

MARC ANCEL
Miembro del instituto de Francia
Presidente de cámara en la corte de casación (París)
Presidente del centro francés de derecho comparado

UTILIDAD Y MÉTODOS DEL DERECHO COMPARADO

ELEMENTOS DE INTRODUCCIÓN GENERAL AL ESTUDIO COMPARATIVO DE LOS DERECHOS

Traducción y Prólogo
Dra. María del Carmen Piña

Ediciones Olejnik

Edición al cuidado de
Carlos Antonio Agurto Gonzáles
Sonia Lidia Quequejana Mamani
Benigno Choque Cuenca

Título: Utilidad y métodos del derecho comparado
Elementos de introducción general al estudio comparativo de los derechos

Primera Edición en Ediciones Olejnik: 2023,

Ediciones Olejnik
Huérfanos 611, Santiago-Chile
E-mail: contacto@edicionesolejnik.com
Web site: http://www.edicionesolejnik.com

ISBN: 978-956-407-351-4

Diseño de carátula: Ena Zuñiga

Diagramación: Hayden Méndez. hayden.mendezq@gmail.com

Impreso en Argentina 2023 Printed in Argentina

ÍNDICE

V

COMPARACIÓN U OPOSICIÓN DE LOS SISTEMAS

VI

DERECHO COMPARADO Y UNIFICACIÓN DE LOS DERECHOS

VII

LOS MÉTODOS CONCRETOS DE LA INVESTIGACIÓN COMPARATIVA

VIII

SIGNIFICACIÓN ACTUAL DEL DERECHO COMPARADO

PRÓLOGO MARC ANCEL

El acto de comparar es innato a la persona. No hay nada que la mente humana haga con mayor frecuencia que comparar. Bernardin Saint-Pierre lo dice en forma expresa. Desde siempre, ésta ha efectuado comparaciones. Para elegir, para desechar, para mejorar lo que tiene, para la innumerable cantidad de conductas que se pueden identificar en el comportamiento humano.

Discernir implica por cierto y de forma inmediata, establecer analogías, distinguir algo de otra cosa señalando las diferencias que hay en ello y articular razonamientos.

El ingreso con este presupuesto en el mundo jurídico muestra que apelar a la comparación exhibe una vieja costumbre.

Quienes desde el ámbito del Derecho experimentan interés e inquietud por los estudios comparativos, conocen que la obra científica de Marc Ancel constituye un hito de inestimable valor en el universo de juristas involucrados en esta disciplina.

Es una *rara avis* quien en su tiempo escribiera en un lenguaje austero, plasmara conceptos con claridad meridiana, cubriera un recorrido histórico permitiendo identificar los andariveles del derecho comparado desde sus orígenes y hasta 1971, fecha en que la obra sale a la luz. Ya desde allí, resalta con vehemencia la importancia y la necesidad de estudios atinentes a la materia, aunque asume la ambigüedad del cometido al verificar que, después de más de un siglo de controversia, hay interrogantes en torno a qué significa exactamente el término derecho comparado y las discusiones sobre la función y el método de esta disciplina. Asume la cuestión preliminar de la legitimidad del propio estudio comparativo

Mas que en los albores de *Utilité et Méthodes du Droit Comparé* su contenido resulta hoy y en prospectiva, un valioso aporte al conocimiento y progreso del derecho. En su introito exhibe la ociosidad, por harto incompleta, de formular un rastreo histórico, pero opta por más útil, remarcar algunos trazos significativos de ese espacio.

No se involucra en una disputa teórica y en cambio distingue en forma concreta la *utilidad actual* y *los métodos* de investigación jurídica comparativa. Sin retomar viejas disputas, recuerda el tenor de las mismas y expone las razones que puede haber para refutarlas.

La comparación de los sistemas y de las instituciones jurídicas, lo constituye en un foco de indispensable estudio.

Con refinada y lúcida herramienta metodológica, al plantear la posición general del problema, articula interrogantes precisos en torno a *por qué* es necesario estudiar derecho comparado y *cómo* abordar y realizar dicho estudio. Si bien ambas preguntas son difíciles de responder, sostiene que el "cómo" de la investigación comparativa, es a menudo una función de su "porqué", porque el fin que le asigna el comparatista determina en gran medida la técnica de su investigación; y a la inversa, los medios de que dispone son en gran medida la primera condición y constituyen el límite de su investigación.

Advierte sobre el error ante la pretensión de conocer y asimilar el derecho extranjero, en cuanto a su significado exacto, su valor e incluso su contenido, lo que conlleva a importaciones desmesuradas y afirmaciones no controladas, por lo que el derecho comparado aparece como una fuente constante de confusión.

Quien no conozca la obra de Marc Ancel, podría ver dificultada e incompleta su investigación comparativa en cuanto que este jurista construyera una plataforma indispensable para la comprensión del derecho comparado y los ensayos que dejara plasmados sobre la definición de esta disciplina. Concerniente a los problemas metodológicos, expone una muestra cronológica en su abordaje: las controversias en la primera mitad del siglo pasado, las teorías críticas después de 1945 y deja postulado el interrogante sobre la doctrina comparativa moderna y la necesidad del examen comparativo de los derechos.

Con modestia, recuerda para cada capítulo las obras, artículos o estudios de referencia relacionados directamente con el tema tratado y en forma global señala las colecciones, recopilaciones y selecciones esenciales constitutivas de la base de una introducción general al derecho comparado. Su exhibición bibliográfica es notablemente valiosa.

Aludir a esa base de sustentación de su obra, conlleva la muestra de quien ha estudiado e investigado en relación a los textos escritos sobre la disciplina, refiriendo los mismos al exponer y fundamentar su propia creación sobre la temática elegida.

Después de muchos años de búsqueda infructuosa, debo consignar que gracias a la generosidad y diligencia de la Universidad de la Plata, he podido acceder a este libro. Fue a fines de la década del 80, en que un notable jurista Michal Sewerynski me sugirió su lectura.

Comprometida con su autor, espero haber sido fiel a su texto y a su pensamiento. Dar a conocer la obra para juristas y estudiosos de habla hispana, me genera la esperanza que aquellos interesados por el derecho comparado, hoy desbordante número de tesistas e investigadores, descubran que esta creación de Marc Ancel tiene vigencia y entidad, resultando una obra magnífica para todos los que estamos convencidos de las posibilidades que abre el conocimiento del derecho comparado y su método.

MARIA DEL CARMEN PIÑA

Doctora en Derecho y Ciencias Sociales, Universidad Nacional de Córdoba, Argentina. Diplomada en Derecho Comparado (Universidad Atila Josep en Sèged, Hungría). Becaria en Seminario de Derecho Comparado Universidad de Lodz, Polonia y Bordeaux, Francia.

Profesora de Derecho Comparado en Especialidades, Maestrías y Carrera de Doctorado (UNC, UCC y Universidad Siglo21), Argentina.

Miembro del Instituto de Derecho Comparado de la Academia Nacional de Derecho y Ciencias Sociales de Córdoba, Argentina.

Ex Juez de la Cámara Única del Trabajo de Córdoba, Argentina.

Directora del Seminario de Metodología de la Investigación, Facultad de Derecho, Universidad Nacional de Córdoba, Argentina.

Profesora "Derecho Comparado", Facultad de Derecho, Universidad Nacional de Córdoba, Argentina.

I

INTRODUCCIÓN

Es común hoy, entre los juristas, resaltar el interés, la importancia, la necesidad misma de los estudios de derecho comparado. Sin embargo, este elogio no está exento de ambigüedad; porque, después de más de un siglo de controversia, todavía nos preguntamos qué significa exactamente este término: *el derecho comparado* y las discusiones sobre la función y el método de esta disciplina siguen vigentes. No tenemos la intención de involucrarnos a la vez en esta disputa teórica. Por el contrario, nos gustaría distinguir, de la forma más concreta posible, la *utilidad actual* y los *métodos* de la investigación jurídica comparativa; veremos, en efecto, que nunca más que ahora ha sido necesaria la comparación de los sistemas y de las instituciones jurídicas; y también constataremos que esta comparación no depende de un método único, como la doctrina comparatista ha creído durante mucho tiempo, sino de varios métodos posibles, de los cuales no se trata de determinar cuál es el mejor, sino de fijar el lugar respectivo de cada uno de ellos.

Esto nos conduce a presentar una especie de introducción general al derecho comparado en la actualidad. Vasto programa cuya realización completa demandaría largos desarrollos. Nuestro deseo, por el contrario, es limitarnos a lo esencial; lo que nos obliga primero, por un lado, a precisar exactamente cómo se plantea el problema que debemos tratar y, por otro lado, a determinar cuándo, y bajo qué condiciones, se nos condujo a hablar de "derecho comparado". Examinemos inmediatamente estas dos cuestiones preliminares.

1. Posición general del problema

Esencialmente debemos preguntarnos *por qué* es necesario estudiar derecho comparado y *cómo* abordar y realizar dicho estudio. Esta doble pregunta, fácil de hacer, es menos fácil de responder. Primero, como veremos, porque el "cómo" de la investigación comparativa es a menudo una función de su "por qué"; porque el fin que se asigna el comparatista determina en gran medida la técnica de su investigación; y, a la inversa, los medios de que dispone son en gran medida la primera condición —y, en todo caso, constituyen el límite— de su investigación. Por lo tanto, debemos resistir la tentación de tratar por separado, y en una secuencia aparentemente lógica, la utilidad, es decir, en última instancia, los objetivos, luego los métodos, es decir, la implementación de los medios técnicos de esta investigación comparativa: nos parece necesario un enfoque un poco más complejo del problema.

Sin embargo, de entrada, no podemos descartar la cuestión preliminar de la legitimidad del propio estudio comparativo. En efecto, todas las objeciones que tradicionalmente se han formulado al derecho comparado no han desaparecido. Sin retomar aquí en detalle una vieja disputa bien conocida, recordemos rápidamente el tenor mismo de estas objeciones y las razones que uno puede tener para rechazarlas.

Se han formulado tres críticas principales contra cualquier investigación jurídica comparativa:

El derecho nacional, se dice en primer lugar, es suficientemente complejo; es sobre todo bastante difícil de conocer con claridad como para que uno no haga suyos sistemas extranjeros; sobre todo porque esta complejidad del *corpus juris* se agrava en nuestra era de inflación legislativa y como consecuencia de la aparición de nuevas ramas del derecho que requieren nuestra atención, dentro de nuestro propio sistema.

Además, agregan de inmediato, esta llamada "ciencia comparativa" es una sirena tentadora que corre el riesgo de arrastrarnos a la aventura. ¡Qué ilusión, en verdad, pretender conocer y asimilar el derecho extranjero! Nos acechan los más graves errores en cuanto a su significado exacto, su valor e incluso su contenido. De ahí las importaciones apresuradas y las afirmaciones no controladas; el derecho comparado aparece así como una fuente constante de confusión.

Finalmente, el derecho de un país forma parte del patrimonio nacional. En algunos aspectos, también es el bien común de los ciudadanos, el fruto de la tradición, la herencia de los antepasados y un modo de expresión —un espejo, se ha dicho muchas veces— de la sociedad en la que se aplica. Lejos de acercarlo a otros sistemas, debemos por el contrario asegurar su independencia y protegerlo contra cualquier alteración del exterior.

Esta última objeción, aunque raramente formulada, de ahora en adelante, con todo su rigor, es en realidad la principal; pero es precisamente la que nos muestra la debilidad como la posición obsoleta de los opositores al derecho comparado. El jurista es siempre más o menos xenófobo ante el derecho: cree que su orden jurídico es necesario y le parece justificado por su misma existencia. Ahora bien, tal es la desviación contra la cual, hoy, es necesario reaccionar. El artista, el escritor, incluso aquellos que practican lo que actualmente se llama "ciencia literaria", recurren naturalmente y constantemente al extranjero. El científico lo hace aún más, porque la ciencia pura no conoce fronteras lingüísticas ni fronteras políticas: ¿qué médico negaría o rechazaría las experiencias extranjeras? Entonces, ¿por qué la ciencia jurídica debería limitarse a los confines de un solo estado? Limitarse al derecho de un solo país, se ha dicho, es un poco como invitar al biólogo a limitarse a una única especie viva.

Esto permite sacar a la luz las ventajas, los mismos beneficios, la utilidad del derecho comparado. Una demostración que es hoy banal y de la que simplemente recordaremos los términos esenciales:

a) ¿No hay, bajo la diversidad de las leyes —o legislaciones—, sino una unidad, al menos una universalidad del derecho como instrumento de armonía social y como creación de la mente humana? Esta es una pregunta esencial que debemos hacernos desde el principio, y que solo podremos responder, con pleno conocimiento de causa, al final de nuestras explicaciones. Notemos solo por el momento que formular esta pregunta es justificar ya el estudio comparativo del derecho.

b) En el terreno de la práctica concreta, por el contrario, es bastante obvio que el conocimiento del derecho extranjero —al menos el contacto con el derecho extranjero— es a menudo esencial para el abogado, el juez, el árbitro (particularmente en materia de arbitraje comercial internacional), para el empresario, el negociador, el diplomático. Todos los sistemas de conflicto de leyes admiten, en determinados casos, la aplicación de la ley extranjera: ¿debe ignorarse su esencia? Además, ¿cómo podríamos hacerlo, cuando este mismo sistema de conflicto de leyes nos obliga a confrontar esta ley extranjera con nuestro orden público nacional?

c) Ya no es necesario enfatizar el rol formador del derecho comparado. Le da al estudiante nuevas aperturas, permitiéndole conocer otras reglas y otros sistemas distintos del suyo. Permite al jurista un mayor conocimiento y una mejor comprensión de su derecho, cuyas características particulares resaltan aún mejor en una comparación con países extranjeros. Enriquece el bagaje del jurista, incluso del mejor formado, porque le permite percibir panoramas, ideas, argumentos que el mero conocimiento de su propio derecho no le ofrecería.

d) El método comparativo es en todo caso necesario para el estudio en profundidad de la historia del derecho o de la filosofía del derecho. Lo es también para la teoría general del derecho, que adquiere todo su valor solo cuando se libera de la estrecha técnica de un sistema particular. El método comparativo puede por sí solo, dar una visión completa y no compartimentada del "fenómeno jurídico".

e) Finalmente, desde la Antigüedad (como veremos), siempre se ha pensado que el conocimiento de los derechos extranjeros era de primordial importancia para el legislador. ¿Qué legislación, especialmente hoy, podría permitirse ignorar a las demás? Esto es particularmente cierto a la hora de las uniones regionales, como las Comunidades Europeas, y en un momento en que se realizan esfuerzos para organizar un orden jurídico de paz y coordinación. Las dificultades en esta materia ciertamente no son desdeñables; pero provienen precisamente del hecho que, entre las Naciones que intentan lograr tal orden, la supremacía del derecho aún no está plenamente reconocida. La práctica sincera del derecho comparado puede ser de gran ayuda aquí.

Casi nos disculpamos por tener que recordar estas verdades obvias. La causa del derecho comparado, en sí misma, probablemente ya no necesite ser defendida. Sin embargo, estas mismas verdades, aunque a menudo afirmadas, no siempre se sienten exactamente como verdades; por eso, en su alcance efectivo, tendremos que encontrarlas de nuevo. Hay pues, en nuestra materia, algunas posiciones fundamentales, y encontraremos igualmente algunos temas conductores. No dudaremos deliberadamente ante ciertas repeticiones; y algunas aparentes redundancias no serán más que la reaparición de estos temas rectores, que pretendemos no perder de vista. Nos parece que lo esencial es marcar con claridad las nociones fundamentales que dominan nuestro tema.

Queda por el momento explicar brevemente cómo concebimos nuestro estudio, en sus líneas generales.

El primer punto -del que debemos partir- nos parece que es recordar sucintamente "por qué" y "cómo" es desde hace solamente cien años que podemos hablar de "derecho comparado" y señalar claramente por cuál método científico hemos logrado hacerlo: eso es lo que vamos a hacer de inmediato. Tendremos que mostrar luego cómo, a lo largo de setenta y cinco años, el joven derecho comparado se ha desarrollado tomando, con cada una de sus sentencias sucesivas, un rostro nuevo y sacando a la luz problemas igualmente nuevos, que deben ser el objeto necesario de nuestra segunda exposición. El tercer punto nos permitirá plantearnos la cuestión esencial de saber a qué tiende este "derecho comparado", qué es -ciencia o método- y si realmente existe como tal. Habrá que preguntarse entonces —en un tercer capítulo— si el derecho comparado no sería en todo caso o principalmente un modo científico de abordar los sistemas jurídicos; y entonces ¿qué debemos entender por eso? Estos sistemas, sin embargo, por su existencia simultánea (su coexistencia, incluso su co-nacimiento) plantean un problema, o problemas, que el derecho comparado tiene precisamente la función normal de estudiar, ya que el proceso lógico de comparación supone una confrontación razonada: confrontación u oposición de sistemas, tal debe ser el tema de nuestra cuarta exposición. Entonces surge inmediatamente otra pregunta: esta confrontación de derechos, ¿no debería llevar, lo que sería quizás la gran tarea de los comparatistas, a su unificación? Este tema tan discutido, será el tema de nuestro quinto capítulo. Al margen de esta prestigiosa tarea, de esta ambición o de esta esperanza, lo cierto es que la investigación comparativa, en sí misma, se ha convertido en una de las grandes actividades jurídicas de nuestro tiempo: será necesario, por tanto, precisar sus características, los límites y las técnicas, que constituirán el tema de nuestra próxima exposición. Finalmente, pero solo entonces, nos será posible apreciar realmente el significado actual del derecho comparado en su significado propio, en su verdadera función y en sus métodos de desarrollo, y esto será, naturalmente, el tema de nuestro capítulo de conclusión. Tal es, nos parece, el panorama general de las preguntas que debemos plantearnos; nos esforzaremos por examinarlos por turno.

Antes de hacerlo, es necesario, como ya dijimos, preguntarnos cómo el comparatismo jurídico, afirmado en el siglo pasado, pudo haber dado lugar al derecho comparado propiamente dicho.

2. La aparición de la ciencia jurídica comparativa

A la comparación de derechos se le suele asignar orígenes lejanos. Licurgo en Esparta y Solón en Atenas viajaron por el mundo entonces conocido para comprender sus instituciones, se dice, antes de legislar; y asimismo los decenviros encargados de redactar la Ley de las XII Tablas se habrían informado acerca de las leyes extranjeras, particularmente de las leyes griegas, cuya influencia es visible en la primera legislación escrita de Roma. También se cita a Platón, cuya obra *Las Leyes* toma en cuenta la comparación; y Aristóteles, quien discutió las constituciones existentes, en particular la de Cartago. ¿No es a su vez la *Collatio legum Romanarum et Mosaicarum,* del siglo V de nuestra era, un intento de yuxtaponer legislaciones, las dos únicas quizás que se encontraban frente a frente en el mundo antiguo? Más tarde, desde el *De laudibus legum Angliae* de Fortescue en Inglaterra en el siglo XV, hasta la *República* de Jean Bodin en Francia en el siglo XVI, se invocaron de modo interesado leyes extranjeras, e incluso se peticionó por ellas; y se podrían citar muchos otros ejemplos. Será necesario, no obstante, esperar hasta el siglo XVIII, y especialmente *El Espíritu de las Leyes,* para encontrar un recurso sistemático a las enseñanzas obtenidas de otras legislaciones. Montesquieu tiene incluso el mérito de entender la palabra *ley* en su sentido físico ("las relaciones necesarias que derivan de la naturaleza de las cosas"), lo que lleva a buscar las relaciones existentes entre los fenómenos jurídicos, históricos, políticos e incluso climáticos. Como tal, podríamos ver en él al primero de los comparatistas.

La fórmula, sin embargo, no debe ilusionar; porque, si se puede considerar a Montesquieu como el primer iniciador de la sociología, de la ciencia política o de la política legislativa, así como, con y antes de Beccaria, de la política criminal, hay que reconocer que no posee ni el método histórico ni el método comparativo que le hubiesen permitido un estudio crítico de las fuentes y un examen sistemático del desarrollo de las instituciones. Muy a menudo construye su demostración sobre documentos no verificados y de segunda mano, y su geografía jurídica depende aún en gran medida de este exotismo folclórico tan en boga en el siglo XVIII. Como muchos otros antes que él (Tácito, en sus Mœurs des Germains, Fortescue y Bodin, ya citados), el ejemplo extranjero tiene menos valor en sí mismo que como ilustración de una tesis, o como elemento —no siempre verificado— de convicción o discusión.

Por lo demás no debería sorprendernos, ya que el cosmopolitismo del siglo XVIII se basa en el interés humano, no en la confrontación científica. Los filósofos aspiran entonces a volver a encontrar un derecho natural superior, si no anterior, a las leyes existentes ("la razón humana, en tanto gobierna a todos los pueblos de la tierra", vuelve a decir Montesquieu), y solo ese derecho natural merece su atención: las leyes existentes son solo contingencias pasajeras y, después de todo, insignificantes. No se trata pues de confrontarlos entre ellas, sino a lo sumo de compararlas con este modelo que las supera y al mismo tiempo las borra. El Siglo de las Luces es pues, en esencia, ajeno al verdadero comparatismo jurídico.

Este comparatismo nacería, en el siglo siguiente, de la presencia simultánea de legislaciones positivas, definidas en términos concretos, y cuya comparación se hace necesaria para el desarrollo de las nuevas sociedades. Estas nuevas sociedades, en efecto, nacidas tanto de la revolución industrial de principios del siglo XIX como de la revolución política de finales del siglo XVIII, tienen en común rasgos, intereses o, por el contrario, rivalidades, que las llevan a observarse unas a otras. El desarrollo del comercio internacional, la facilidad de las relaciones humanas, los nuevos medios de comunicación —que en 1860 parecían tan prodigiosos como lo parecen hoy los medios modernos— desarrollaron un clima de curiosidad, atención y simpatía por las instituciones y las experiencias extranjeras; y este clima se mantuvo ininterrumpidamente por el éxito de las primeras Exposiciones Universales. Es así como en 1869, se constituyó en Francia una Sociedad de legislación comparada, cuya creación se ha considerado a menudo como el signo del advenimiento del derecho comparado. El año 1869 es, a este respecto, un año próspero, porque en él se crea, en Inglaterra, en Oxford, la primera cátedra de derecho comparado, *Historical and Comparative Jurisprudence*, a cargo de Sir Henry Sumner Maine, y también se funda en Bélgica la *Revista de Derecho Internacional y Derecho Comparado*. Cabe agregar que incluso en Japón, fue el año en que, habiéndose abierto la era de la occidentalización (*Meiji*) en 1868, se emprendió la traducción de los códigos franceses que servirán de base a la codificación moderna, y cuando las Universidades recibieron a los primeros juristas de occidente.

Si a menudo se ha elegido esta fecha, es sobre todo, quizás, porque marca el triunfo de un movimiento hasta entonces contrariado por múltiples oposiciones, cuya importancia debe medirse.

El siglo XIX fue el siglo de las codificaciones nacionales. En el espíritu del siglo XVIII, estas codificaciones paralelas hubiesen podido efectuarse por la búsqueda de un derecho común a todos los pueblos, luego de amplias comparaciones. De tal manera, Federico II de Prusia había sometido anticipadamente el Landrecht de 1794 a debates abiertos, y el rey de Baviera había hecho lo mismo con el primer proyecto de lo que sería, tras la intervención de Feuerbach, el Código Penal de 1813. Bonaparte, deseoso de preparar convenientemente su Código Civil, había establecido en 1801 en el Ministerio de Justicia, una Oficina de legislación extranjera y este título sonaba entonces completamente nuevo. Pero esta Oficina desapareció el mismo año de la promulgación del Código - 1804 - y sabemos que, durante varias generaciones, los juristas franceses se limitaron únicamente a la exégesis de este monumento legislativo: se suponía que este contenía todo, o todo debía ser deducido del mismo, sin remitirse a otros textos que no sean los suyos. Si es cierto que su influencia externa fue grande, no es menos cierto es que la política de las nacionalidades tuvo entonces como consecuencia provocar, o acentuar, la compartimentación de las legislaciones.

La ausencia de codificación en Alemania, en la misma época, pudo por el contrario haber favorecido el naciente comparatismo. En este sentido, no debemos olvidar el rol de algunos hombres como Mittermaier (1787-1867), a quien debemos precisamente la creación, ya en 1829, con Zachariae, de la primera revista dedicada, al menos en parte, a derecho comparado *(Kritische Zeitschrift für Rechtsivisenschaft und Gesetzgebung des Auslandes)*. Pero este movimiento se vio frustrado por la polémica entre partidarios y adversarios de la codificación, por la oposición entre *heutiges romanisches Recht* y *deutsches Privatrecht* y, sobre todo, por la influencia de la Escuela histórica que, con Savigny, consideraba el derecho como el resultado necesario de la organización interna de la nación y de su historia. Pasamos así del "geografismo" de Montesquieu (El *Espíritu de las Leyes*, L. I, cap. 3) a un historicismo cerrado en sí mismo, donde el derecho deriva menos de leyes existentes que de fundamentos y requisitos insoslayables: ¿qué interés hay entonces en preocuparse por las leyes extranjeras? Al final del siglo, igualmente, elpositivismo jurídico, que deriva en parte de la Escuela histórica, y cuya acción es grande sobre los civilistas y publicistas de Francia y Alemania, tenderá —rechazando así tanto el derecho comparado como el derecho natural— a construir solo sobre lo establecido nacional.

Sin embargo, el derecho comparado, hará, de una cierta manera, un avance espectacular a partir de 1860. A las razones político-económicas derivadas del desarrollo de las relaciones comerciales que ya hemos indicado, hay que sumar razones científicas derivadas tanto de lo que ahora se denomina investigación fundamental como de lo que se entiende por investigación aplicada.

Fundamentalmente, las ciencias exactas se han beneficiado de la comparación de nuevas disciplinas. Cuvier, con sus *Lecciones de anatomía comparada (1800-1805)*, había abierto el camino; más tarde hablaríamos de fisiología, de embriología, y luego de biología comparada. Se desarrolla en Alemania la investigación en gramática comparada, y Sainte-Beuve impuso en Francia la expresión "literatura comparada" que se afianzó en Inglaterra con la publicación de *Comparative Literature* de Posnett en 1876. El transformismo de Lamarck, luego las doctrinas de Darwin, se basan en la diferenciación de los seres vivos, y la filosofía evolucionista de Herbert Spencer, cuya influencia es grande entre los juristas, extiende esta acción de las ciencias naturales a las ciencias sociales. En 1831 se creó en el Collège de France una cátedra de "historia general y filosófica de las legislaciones comparadas", a la que su primer titular, Lerminier, dio como objeto "la comparación reflexiva de las instituciones sociales". A decir verdad, este buen programa no será cumplido; pero el sucesor de Lerminier, Laboulaye, fundador de la Sociedad de legislación comparada, declaró, en la sesión constitutiva de

1869, que a partir de entonces todos sentían la "necesidad de conocer la legislación y los modos de vida de sus vecinos".

Esta investigación comparativa, en cuanto toma conciencia de sí misma, se convierte también en investigación aplicada. Los estatutos de la nueva Sociedad de legislación comparada definen su objeto como "el estudio de las leyes de los diferentes países y la búsqueda de medios prácticos para mejorar las diversas ramas de la legislación". Al parecer, el Segundo Imperio retomó aquí el programa de la "Oficina de legislación extranjera" de Bonaparte. Aparece así una primera concepción de la utilidad del derecho comparado: informar, de manera precisa y rigurosa, sobre las instituciones extranjeras y buscar, en las experiencias de otros países, medios técnicos para subsanar los vacíos o imperfecciones del derecho nacional. Las leyes francesas sobre las sociedades comerciales, el cheque, el derecho marítimo de la segunda mitad del siglo XIX se inspiraron abiertamente en sistemas extranjeros e incluso en Alemania, en la misma época, las reformas, también del derecho comercial, están precedidas por investigaciones sobre las instituciones extranjeras. Lo mismo se aplica cuando se efectúan los trabajos preparatorios del BGB, cuya exposición de motivos revela hasta qué punto se ha recurrido a la investigación comparativa para todas las cuestiones importantes. Señalemos también, en el mismo sentido y en la misma época, el esfuerzo emprendido en Suiza por Lehr, primer titular de la cátedra de derecho comparado de Lausana -la primera creada en la Confederación- por dar a conocer, en sucesivas monografías, los derechos extranjeros (ruso, inglés, escandinavo), y el trabajo de Eugène Huber quien, en una obra monumental publicada entre 1886 y 1893 *(System und Geschichte des schweizerischen Privatrechtes)*, compara el derecho privado de los cantones suizos, preparando así, siempre por un estudio comparativo, el Código de 1907.

El final del siglo no verá, sin embargo, el único triunfo de la ciencia aplicada. Ya en 1857, Emerico Amari había publicado en Génova una *Critica di una scienza delle legislazioni comparate* en la cual este iniciador de los estudios comparados en Italia vinculaba la comparación de derechos a la búsqueda de una ciencia jurídica universal. Los estudios de teoría general del derecho experimentaron entonces un notable desarrollo; y la búsqueda de una "ciencia general del derecho" constituye claramente una superación de la pura técnica jurídica nacional. En este sentido Ihering, en su célebre *Espíritu del Derecho Romano*, dirá que la comunidad de los pueblos se realiza mediante un sistema recíproco de préstamos y créditos que hace imprescindible el estudio sistemático de las leyes e instituciones de otras naciones. Pero esta búsqueda del "verdadero derecho", de sus fuentes y sus métodos, también corre el riesgo de obstaculizar el desarrollo del derecho comparado. En Francia, François Gény puede construir toda su obra prácticamente fuera de la investigación comparativa; y si, en Alemania, Kohler es a menudo reivindicado por los comparatistas - con razón, además, ya que fue, entre otras cosas, el fundador en 1878 de la *Zeitschrift für vergleichende Rechtswissenschaft* - aún debe observarse que es ante todo un filósofo del derecho y que, a partir de la evolución histórica, busca menos captar la realidad de las instituciones, pasadas o presentes, que su posible futuro, para extraer de ellas un derecho institucional más significativo, más verdadero en cierto modo que el que existe o ha existido (cf. *Einleitung in die vergleichende Rechtswissenschaft*, 1885).

Sin embargo, quizás sea este doble movimiento o esta aparente contradicción de doctrinas lo que conduce a la extraordinaria síntesis de 1900. En aquel año, con motivo de la Exposición Universal que inauguraba en París el nuevo siglo, la Sociedad de legislación comparada convocó allí un Congreso Internacional de Derecho Comparado. Tomaron parte en este congreso los más grandes juristas de la época y la repercusión fue considerable. Uno de sus principales presentadores, Raymond Saleilles, describe, en su síntesis, el progreso realizado en los últimos treinta años. A la "vulgarización de la vida jurídica particular de los pueblos civilizados", que, según él, marcó el período de 1869, conviene sustituirla por una nueva ciencia, "la ciencia del derecho comparado, en el sentido jurídico de la palabra", una nueva disciplina "independiente y autónoma", cuyo propósito era "sacar de todas las instituciones particulares una base común, o al menos puntos de acercamiento susceptibles de revelar, bajo la aparente diversidad de formas, la unidad fundamental de la vida jurídica universal".

Esta profesión de fe marca, de manera ostensible, el nacimiento - o el renacimiento - del derecho comparado como tal. Solo señalaremos, por el momento, que para lograrlo hemos pasado de la curiosidad cosmopolita a la consideración de las *leyes*, luego de la "legislación extranjera" a la "legislación comparada", para terminar finalmente en el "derecho comparado", es decir, a la ciencia jurídica comparada propiamente dicha. Es de ella, de ahora en adelante, de la que debemos ocuparnos.

II

EL DESARROLLO DEL DERECHO COMPARADO DURANTE EL SIGLO XX

Como acabamos de ver, y como han señalado muchos autores, el derecho comparado no logró ser reconocido como tal y con nombre propio hasta finales del siglo XIX; pero es el Congreso de 1900 el que puede ser considerado como "el acta de nacimiento del derecho comparado moderno" según la expresión de H. C. Gutteridge. En menos de tres cuartos de siglo, este derecho comparado iba a experimentar un desarrollo considerable. Sin embargo, al mismo tiempo, pasó por tres fases sucesivas, que es importante distinguir claramente, porque en cada una de ellas se entendió de manera diferente el porqué de la investigación comparativa. Por lo tanto, es conveniente hacer revisiones sucesivas, tratando cada vez de identificar su carácter.

1. La fase constitutiva de la ciencia jurídica comparativa

Esta primera fase comienza con el Congreso de 1900. Los trabajos de este Congreso de 1900 llenan dos sólidos volúmenes, cuya consulta sigue siendo la base esencial para cualquier estudio general sobre el derecho comparado como disciplina jurídica. Fueron el punto de partida de una serie de obras, la primera de las cuales -con respecto al momento de su aparición y quizás también en importancia- fue la que Edouard Lambert dedicó, en 1903, a *La función del derecho civil comparado*. La idea fundamental de los comparatistas de la Escuela entonces nueva es, hay que insistir en ello, que la comparación de derechos, científicamente organizada, debe sacar a la luz, bajo la diversidad de soluciones nacionales y la divergencia de legislaciones existentes, una base común. cuya existencia había proclamado Saleilles. Este terreno común sobre el que vamos a discutir mucho está, en definitiva, constituido por "los principios generales del derecho reconocidos por los países civilizados", según la fórmula que empleará más tarde el famoso artículo 38 de los Estatutos de la Corte Permanente de Justicia Internacional. El derecho comparado se impone, pues, en primer lugar, la tarea esencial de investigar y formular estos principios comunes.

Es importante comprender claramente lo que la Nueva Escuela de Comparatistas entiende por esto. Cabe señalar que estos no son principios abstractos, descubiertos únicamente por el razonamiento o la lógica jurídica y sobre los cuales los representantes de diferentes sistemas podrían estar de acuerdo *in abstracto*; el problema no es definir, por una pura operación de la mente, un derecho ideal que luego uno trataría, por persuasión o por la demostración de su excelencia, de convertir en una ley positiva aceptable para todos. Tampoco se trata de la búsqueda de un "derecho natural" anterior o exterior, y en todo caso superior al derecho "de los pueblos de la tierra", porque no se trata de retomar el razonamiento de Bacon, de Grotius, de Pufendorf o de Rousseau, ni siquiera de hacer visible "el espíritu de las leyes" como dato universal en el sentido de Montesquieu. La comparación metódica de las legislaciones e instituciones jurídicas solo debe mostrar que, bajo formulaciones tal vez diferentes, se encuentran ciertas normas de derecho positivo, en un sistema y en otro; constituyen pues, reglas de "derecho común legislativo", según la expresión de Lambert, y la función esencial del derecho comparado consiste, precisamente, en distinguir estas reglas comunes de una realidad jurídica múltiple. Los comparatistas de 1900 son, en su gran mayoría, no lo olvidemos, seguidores del positivismo jurídico.

Esta es la posición básica del comparatismo jurídico a principios de siglo. Esta concepción trae consigo algunas consecuencias precisas;

a) Este derecho común legislativo solo puede existir obviamente entre países del mismo desarrollo político-social, económico y moral; es en este sentido que nos limitaremos al "derecho de los países civilizados";
b) por la misma razón, el comparatista solo debe comparar cosas comparables; y este criterio de *comparabilidad*, al cual volveremos, pondrá límites, antes de ocasionar algún inconveniente, a la investigación comparativa;
c) finalmente, este derecho común, salvo excepciones insignificantes (y además de poco interés para una genuina investigación comparativa) no deriva de la identidad formal de las reglas de derecho. No se trata pues, como se hacía en el siglo XIX, de identificar "concordancias" entre el Código Napoleón, por ejemplo, y tal o cual Código civil extranjero. Es necesario saber ir más allá de la divergencia de las reglas para encontrar "la unidad fundamental del derecho".

En última instancia, resulta de este razonamiento científico que a la "legislación comparada" le sigue el "derecho comparado", que ya no se limita a la mera comparación de textos de leyes, sino que toma en cuenta la jurisprudencia, la práctica (comercial, administrativa o notarial), las doctrinas de los autores y, se insiste mucho en ello, la formación histórica y la evolución del conjunto del régimen de derecho considerado. Esto conduce a una nueva noción: la del *sistema jurídico* como un complejo ético-jurídico-social, diferente a la mera legislación normativa de un determinado país. Una noción rica, como pronto veremos, de desarrollos futuros, y dotada, casi se podría decir, de un dinamismo que, en la época siguiente, acabaría por trastornar el equilibrio de la ciencia comparativa.

Permanezcamos todavía, sin embargo, por algunos instantes, en el comienzo del siglo. ¿Será porque es lo que comúnmente llamamos, quizás por falta de conocimiento, la "Belle Époque"? La concepción comparativa de 1900 alcanza pleno desarrollo, en cierto modo, en la euforia. Tres elementos principales contribuyen a ello.

En primer lugar, cierta feliz confianza en la ciencia. Estamos aún en el momento en que creemos poder esperarlo todo y no temer nada del progreso científico. Este progreso, entonces verdadero, contribuye necesariamente, se cree también, lo que hoy nos parece discutible, al "progreso humano" y la ciencia solo puede ofrecer -otra ilusión- nuevos medios de protección del hombre. En la medida en que el estudio comparativo pretende ser rigurosamente científico, pretende ir más allá de los egoísmos nacionales y permitir que cada uno se beneficie de los descubrimientos de los otros. El derecho comparado se coloca así bajo el signo de la confianza absoluta que depositamos entonces en las posibilidades de la ciencia. Hay cientificismo en los comparatistas de 1900.

Al mismo tiempo, sus esfuerzos se desarrollan en lo que puede llamarse el "clima de La Haya". Fue en 1899 que la primera Conferencia de La Haya adoptó una convención que establecía una Corte Permanente de Arbitraje llamada a resolver pacíficamente las disputas entre naciones. La Conferencia de 1907 fue más allá al establecer el programa de una Corte de justicia arbitral; y durante este tiempo, también en La Haya, tienen lugar una serie de convenciones para unificar las reglas del derecho internacional privado en materia de procedimiento (1896-1905), de matrimonio, divorcio y tutela (1902-1905), de sucesiones y de testamentos (1905). Sin duda, Bélgica y luego Francia los denunciarán inmediatamente antes o durante la Primera Guerra Mundial; pero, en vísperas del conflicto de 1914, están aún vigentes en más de diez Estados, y la convención sobre procedimiento en dieciséis. De este modo se crea el clima para buscar acuerdos internacionales sobre los puntos de divergencia, de concesiones recíprocas y, si es posible, de armonización de las políticas legales. ¿No debería ser el "derecho común legislativo" el mejor ejemplo de esto, quizás, ya que deriva de la cooperación razonada entre juristas pertenecientes a sistemas diferentes?

Finalmente, un último elemento favorece esta concepción del derecho comparado: lo que podría llamarse el dualismo o bipartidismo de 1900. Esta fecha, no lo olvidemos, es la de la entrada en vigencia del BGB. Ahora bien, la promulgación del nuevo Código Civil Alemán no solo marcó el triunfo en Alemania de los partidarios de la codificación sobre los partidarios de la Escuela histórica; fue precedida y seguida por discusiones singularmente favorables al desarrollo del comparatismo. La puesta a punto del BGB, como ya lo hemos señalado, estuvo acompañado en Alemania por una seria investigación comparativa. En otros lugares fue seguida con atención; y fue siguiendo su desarrollo que Saleilles, inicialmente atraído por el derecho penal (cf. *La individualización de la pena,* 1898), se convirtió en un comparatista de derecho privado. Desde entonces, el tema esencial de la comparación será la confrontación del viejo Código Napoléon con el joven BGB. Nos complacerá señalar las diferencias en la técnica legislativa (la ley introductoria, la amplitud de la parte general, la división de las materias), la posición del nuevo Código con respecto al acto jurídico, a la declaración de voluntad, al rol de la buena fe, e incluso en las reglas legales aplicadas a situaciones especiales, como la vinculación del hijo ilegítimo a su madre o la transferencia de la propiedad por el contrato de compraventa. Estas diferencias a veces pueden ser significativas desde un punto de vista práctico, como lo son en particular las dos últimas. Resultan sin embargo de posiciones deliberadamente escogidas a la luz de la doctrina romanista, y dentro del marco de un método de exposición y de razonamiento en gran medida común a los dos sistemas Estamos en presencia de legislaciones estrictamente "comparables" que pueden enriquecerse ambas por sus préstamos recíprocos, sin comprometer la estructura de su sistema. Con el Código Suizo de 1907, la comparación dualista se enriquece con un sistema intermedio, con una tecnicidad menos contundente; uno se atrevería a decir casi menos agresiva, que su modelo alemán, con un estilo más conciso y simple, pero también con un análisis más profundo que el del Código francés de 1804. En todo caso, la comparación -en un momento en que de hecho es casi exclusivamente privatista- se establece en el interior de un marco estrictamente romano-germánico.

2. El derecho comparado entre las dos guerras

La segunda fase de desarrollo comparatista viene a continuación de la Primera Guerra Mundial. Muchos acontecimientos facilitan este desarrollo. El mapa político de Europa se modifica profundamente; desaparecen viejos Estados, se forman nuevos Estados, se reconstituyen otros o se absorben nuevos territorios: todos tendrán que cumplir una importante tarea legislativa. A la unidad política debe corresponder en principio una unificación del derecho que supone el acercamiento previo y, por así decirlo, la amalgama de las diferentes legislaciones vigentes en las diversas partes del territorio. Es así que en Rumanía, ampliada tras la primera guerra -por citar solo un ejemplo- el Consejo Legislativo (establecido por la Constitución de 1923 y regido por una ley de 26 de febrero de 1925) recibe la misión de velar, dentro del país, por la unidad de las concepciones, de los métodos y de la terminología, para permitir la cohesión y la unificación interna, gracias también a las investigaciones comparativas y a los vínculos con países extranjeros.

Incluso más que en el período anterior, pero ahora con un espíritu diferente, la cooperación jurídica internacional está a la orden del día. Se deja atrás de este modo el clima pacifista y conciliador de la preguerra en La Haya. El Pacto de la Sociedad de las Naciones, complementado por la Resolución de la Asamblea del 13 de diciembre de 1920, estructuró la Corte Permanente de justicia internacional, cuyo artículo 38, ya citado, despierta la curiosidad de los comparatistas tanto tal vez como la de los internacionalistas. Dando curso a las resoluciones de la Asamblea de 1920 y 1921 y a un acuerdo de 1924, una ley francesa del 6 de agosto de 1925 creó en París un Instituto internacional de cooperación intelectual cuyo objeto era trabajar bajo la dirección de la Comisión correspondiente de la Sociedad de las Naciones "para el progreso de la organización del trabajo intelectual en el mundo a través de la colaboración internacional". Esta nueva institución despierta grandes esperanzas entre los comparatistas. La acción de la Sociedad de las Naciones —tendremos ocasión de volver sobre este tema— no ha sido trivial en el plano de la unificación de derechos ni, especialmente gracias a la Oficina Internacional del Trabajo, en el de la armonización internacional de las ideas en materia de derecho social.

La unificación de los derechos La idea, con independencia de lo que se haya dicho al respecto, es entonces, si no enteramente nueva, al menos animada por un dinamismo completamente nuevo. Los comparatistas de 1900 solo querían investigar, descubrir o constatar similitudes ya existentes entre las legislaciones y constantes jurídicas entre los sistemas. Los de 1925 van mucho más allá al afirmar, en particular con Lévy-Ullmann en Francia, que ha llegado el momento de construir el "derecho mundial del siglo XX". Esta es una transformación considerable de la concepción universalista que ha animado la escuela comparatista francesa, desde su fundador Saleilles y su primer gran intérprete, Edouard Lambert. Esta globalidad ambiciosa, hecha de una singular mezcla de espíritu científico, generosidad e ilusión, otorga una nueva y precisa finalidad al derecho comparado: la convergencia de las instituciones jurídicas ya no solo pretende visibilizar la unidad de un derecho subyacente detrás de sus expresiones nacionales; debe conducir a imponer a las Naciones, de ahora en adelante constituidas en sociedad internacional, un derecho único o uniforme, a la vez signo de su comprensión y prenda de su acuerdo pacífico.

Este nuevo universalismo pronto encuentra nuevos medios de expresión. Por una iniciativa del Gobierno italiano de 1928, la Sociedad de las Naciones funda en Roma un Instituto internacional para la unificación del derecho privado, cuya labor posterior, sobre la que tendremos ocasión de volver, fue notable; y en 1924 se crea en La Haya la Academia internacional de derecho comparado, que reúne a todos los grandes comparatistas de la época y cuyos congresos, con amplios programas, tendrán una repercusión considerable. Ahora bien, uno de los objetivos de la Academia internacional de derecho comparado es colocar en un lugar destacado la unificación del derecho. También debemos señalar que la Asociación internacional de derecho penal, también fundada en 1924, se fija el objetivo de reunir a criminalistas de todas las escuelas con el fin de realizar convenios conjuntos: su acción ha sido importante en el vasto movimiento de codificación llamado la "legislación penal de 1930", y donde los intercambios internacionales son numerosos. Pronto surge, auspiciada también por la Sociedad de las Naciones, una Oficina internacional para la unificación del derecho penal que, en su propio campo, busca traducir la universalidad globalista de la época.

Este universalismo adquiere al mismo tiempo otro aspecto que dará un nuevo rumbo a los estudios comparados. Hemos dicho, simplificando un poco las cosas, que en 1900 el derecho comparado, entonces naciente, era "dualista" y se aplicaba sobre todo a tratar la confrontación del Código Napoleónico y el BGB: la comparación corriente se establecía entre "derechos latinos" y "derechos germánicos", y nos encontrábamos entonces en el tranquilizador dominio de las "cosas comparables". A partir de 1920, los comparatistas del Continente tomaron conciencia de la existencia, importancia y extensión del sistema del common law. Frente a su técnica sin sorpresa, si no sin dificultad, descubren un mundo nuevo, donde los métodos, los conceptos, el enfoque de los problemas concretos, son radicalmente diferentes a los suyos, o ni siquiera existen, en el sentido continental de la palabra, la división del derecho público y el derecho privado, donde las nociones de derecho comercial o derecho administrativo no son tradicionalmente admitidas, donde deben habituarse, por el contrario, a la división del common law y de Equity, donde la *real property* constituye un mundo hermético, donde tienen que asimilar el significado de términos que no pueden traducirse directamente al lenguaje continental, tales como *consideration, trust, specific performance, estoppel, trespass.* Ciertamente, algunos juristas del sistema romanista todavía se aferran al viejo criterio de la comparabilidad para seguir limitando el derecho comparado a comparaciones puramente continentales como la confrontación del Código italiano y el Código suizo. Pero se está gestando en el Continente un vasto movimiento para el estudio o el abordaje sistemático de este sistema de *case law*. Edouard Lambert, que funda en Lyon, después de la guerra de 1914, el primer instituto de derecho comparado (innovación que se difundió rápidamente), le da primero este objeto; y Lévy-Ullmann, creador del Instituto de derecho comparado de París (1932), olvidando las tentaciones del derecho mundial, como su colega de Lyon, se desinteresa del derecho común legislativo, se dedica en última instancia al estudio riguroso del sistema jurídico de Inglaterra.

Dichas tentativas no se presentan sin contrapartida; y fue así que el juez estadounidense Parker, que había acompañado al presidente Wilson a Francia en 1919, impresionado por la diferencia de los sistemas y la necesidad de estudiarlos, funda con este fin en los Estados Unidos la *Parker School of Foreign and Comparative Law*. En 1925 se constituye igualmente, en Estados Unidos, *la American Foreign Law Association,* que continua, a la vez que refuerza, la obra emprendida por el *American Comparative Law Bureau,* creado en 1908 por *la American Bar Association*. La intensificación de las relaciones entre América del Norte, país del common law, y América Latina, tributaria del sistema romanista, favorece estos esfuerzos jurídicos y mientras que, en el plano del derecho constitucional, el régimen presidencial de los Estados Unidos hace sentir su influencia sobre las repúblicas sudamericanas, el derecho privado americano-latino absorbe a su vez instituciones tan específicamente inglesas como el *trust*. Entre las dos guerras, el derecho comparado se orienta pues esencialmente hacia la confrontación entre *civil law* y *common law*. Con respecto a los Estados Unidos, por otra parte, debe hacerse una mención especial en el momento de la publicación por parte del profesor J. H. Wigmore, de un vasto *Panorama of the World's Legal Systems* (3 vol, 1928), cuyo propósito es interesar a todos los miembros de la "profesión jurídica" americana en los sistemas de derecho diferentes al suyo.

Todos estos elementos contribuyeron al desarrollo del comparatismo; pero las dificultades políticas, financieras y sociales de los Estados europeos, la ocurrencia de la gran crisis económica y especialmente el advenimiento de regímenes autoritarios compromete el clima de la cooperación internacional. Ya en 1917 la Rusia soviética se separa prácticamente de la Europa occidental. Pronto los regímenes totalitarios, de los que el nacional-socialismo alemán y el fascismo italiano son solo los ejemplos más característicos, recomiendan el retorno a las fuentes autóctonas, el rechazo a las influencias extranjeras, la desconfianza hacia los intercambios que solo podían entenderse en una atmósfera liberal. Desde 1917, juristas franceses e italianos habían pensado en una posible unificación de los dos derechos en materia de obligaciones civiles; así tomó forma un gran proyecto de Código franco-italiano de obligaciones que, elaborado por los más importantes especialistas de los dos países, fue publicado en 1929. Tuvo una gran repercusión doctrinal; pero tal acercamiento era contrario a los objetivos que en la época se fijaba el gobierno fascista, y la obra fue abandonada. El período que precedió a la Segunda Guerra Mundial fue menos favorable que nunca a las comparaciones, que son esencialmente pacíficas: el cataclismo de 1939-1945 marcó el eclipse del derecho comparado.

3. El derecho comparado desde la Segunda Guerra Mundial

Un nuevo período comienza después del fin de las hostilidades, Es muy diferente del que siguió después de 1919. En vano se esforzaron las Naciones Unidas por tomar la sucesión de la Sociedad de las Naciones, hacer que la Corte internacional de justicia sucediera a la Corte permanente de justicia internacional -tomando como referencia la primera guerra- y lograr, en materia de cooperación jurídica, el acercamiento de los sistemas y la defensa de los derechos fundamentales; a pesar de iniciativas útiles, el antiguo clima de confianza y optimismo había desaparecido. La confrontación de los sistemas plantea además nuevos y delicados problemas. Además, y en primer lugar, el derecho comparado atraviesa una crisis. Remarquemos estos dos aspectos esenciales de la tercera fase de la evolución comparatista en el siglo XX.

Una vez más, los acontecimientos políticos transforman la posición respectiva de los sistemas. No obstante, la desaparición de la tiranía nacionalsocialista y del fascismo mussoliniano no restablece la atmósfera "liberal" de 1900 o 1925. El mundo se divide en dos bloques antagónicos, y el paso de la guerra fría a la convivencia pacífica, luego a una suerte de cooperación a la vez cautelosa, desafiante y sin embargo deliberada, tiene inevitables repercusiones en aquellas relaciones jurídicas internacionales sin las cuales no es inconcebible el derecho comparado. Si, según la doctrina marxista, el derecho, en el sentido tradicional del término, es solo una superestructura de la sociedad capitalista, o una expresión de la lucha de clases destinada a desaparecer en un régimen verdaderamente comunista, la comparación entre el «derecho burgués» y el "derecho socialista" tiene poco sentido; y durante mucho tiempo los juristas socialistas desconfiarán del derecho comparado, en el que pretenderán ver solo una expresión y un medio de propaganda del imperialismo capitalista. Los juristas occidentales, por su parte, después de haber querido durante demasiado tiempo olvidar el derecho soviético por no constituir un verdadero sistema de derecho, cometerán el error de querer reducirlo a sus categorías habituales, hasta el punto de negarle su originalidad esencial. Quienes realmente quieran conocer el derecho de las democracias populares tendrán, en efecto, que asimilar nociones como la legalidad socialista, la planificación, las diversas formas de colectivización (del *kolkhoze* al *sovkhoze*), el centralismo democrático, el crimen económico (en el sentido de esta expresión en los países del Este) y comprender cómo la teoría de la extinción del derecho puede conciliarse -al menos en la fase de construcción del socialismo- *con* el estrecho vínculo entre el Estado y el derecho. De todas maneras, ha aparecido un nuevo régimen jurídico en la geografía jurídica moderna; y el empleo que hace de ciertos métodos romanistas de exposición o incluso de desarrollo no debe ilusionar: es su estructura socioeconómica, radicalmente distinta de la de los países occidentales, la única que puede explicarlo.

Así, la comparación germano-latina de 1900 y la oposición entre sistema continental y sistema angloamericano de 1925 dieron paso a una nueva escisión entre el derecho occidental y el derecho socialista. Como mínimo, debemos reconocer la existencia de un tercer gran sistema moderno, junto con el sistema romanista y el sistema del common law. La situación pronto se volverá más compleja aún con el proceso de independencia de las colonias y la aparición de los países del Tercer Mundo como realidades político-jurídicas. ¿Dónde situarlas y cómo entender su estudio? La confrontación de sistemas que, después de 1950, parecían establecerse según un eje Este-Oeste, ¿no debería entonces (o también) continuarse según un eje Norte-Sur? Una importante organización científica como la Asociación internacional de ciencias jurídicas, cuyo Consejo director es el Comité internacional de derecho comparado, creado por la Unesco, ha estado particularmente atenta a esto en los últimos años. Deberemos volver sobre este aspecto de la coexistencia de los sistemas.

A estos problemas de "geografía jurídica" se suma, además, desde 1945, un problema metodológico considerable, que relega a un segundo plano las controversias doctrinales, tradicionales desde 1900, sobre la naturaleza y la función del derecho comparado. En su célebre obra *Comparative Law*, publicada en 1946 y presentada como *An Introduction to the Comparative Method of Legal Study and Research*, H. C. Gutteridge afirma que el derecho comparado no es, como se ha afirmado hasta entonces, una rama autónoma de la ciencia del derecho: consiste únicamente en el empleo de un método particular, el "método comparativo", que puede - e incluso debería - ser utilizado en todas las ramas del derecho. Esta doctrina ha tenido un éxito considerable. Tendremos que recuperarla pronto; notemos de entrada que, llevado a sus consecuencias lógicas, tiene el efecto de hacer desaparecer, con el "comparatista", este innovador de 1900 o 1925, el propio "derecho comparado". El problema será entonces saber si ese derecho comparado existe, o si habrá que contentarse con invitar a cada especialista en una disciplina jurídica a preocuparse, a un tiempo, por las soluciones de su derecho nacional, y por las soluciones o las doctrinas extranjeras.

Sin entrar, por el momento, en el detalle de la controversia, observamos que la misma se explica, en gran parte a nuestro juicio, en el propio terreno del *porqué* de la investigación comparativa, por los contratiempos a los que se había enfrentado la práctica anterior del derecho comparado. Por un lado, en la misma línea del Congreso de 1900 y la obra de Edouard Lambert - una literatura de alto valor científico por otra parte - había seguido discutiendo, en abstracto, la función del derecho comparado; pero había terminado por perder el contacto con el derecho vivo, que sin embargo pretendía explicar. Por otra parte, el creciente interés por el derecho extranjero concreto había dado lugar, por el contrario, a ciertos estudios apresurados sobre las instituciones de los distintos países y favorecido las comparaciones superficiales. Era hora de reaccionar tanto contra el exceso de disputas metodológicas como contra la insuficiencia de cierto amateurismo comparatista. Los juristas comparatistas llevaron a cabo esta doble reacción gracias, en primer lugar, a una severa autocrítica. Hemos hablado, a este respecto, de una crisis del derecho comparado. Los literatos, por su parte, denunciaron la "crisis de la literatura comparada". ¿Podría haber entonces una crisis del comparatismo y, en este caso, qué crisis: crisis de conciencia o crisis de crecimiento? Por el momento, solo haremos la pregunta.

III

LOS PROBLEMAS METODOLÓGICOS DESDE EL PUNTO DE VISTA DOCTRINAL Y TEÓRICO

Hemos visto que, si bien el derecho comparado puede ser considerado una creación del siglo XIX, fue sin embargo durante la primera mitad del siglo XX cuando se convirtió en una disciplina científica propia; y hemos observado que solo lo logra rompiendo con la vieja comparación de "las legislaciones extranjeras" examinadas a través de la concordancia de las reglas del derecho nacional y del derecho extranjero. Este es el gran descubrimiento de los hombres de 1900, cuyos inventores también se avergüenzan al instante; porque, transcurridos tres cuartos de siglo, aún no se ha asimilado esta novedad, ni se ha definido y estructurado la nueva ciencia, al punto que llegamos a cuestionar su autonomía, su realidad científica, cuando no, su propia existencia. Sin embargo, ha llegado el momento de interrogarnos sobre este punto esencial; ¿Qué representa el derecho comparado al final de este período de formación?

El *Vocabulario jurídico*, publicado en París en 1936 bajo la dirección de Henri Capitant, define el derecho comparado como "la rama de la ciencia del derecho cuyo objeto es la comparación sistemática de las instituciones jurídicas de varios países" (p. 208). Esta definición corresponde a la de la Academia Internacional de Derecho Comparado de La Haya, directamente en sus estatutos al día de su fundación (13 de septiembre de 1924, v. *Memorias de La Academia*, vol. II, t. I, p. 21 (París, 1934): "la comparación sistemática y la conciliación de las leyes") y en sus dos primeros Congresos Internacionales de 1932 y 1937. Esta es, se podría decir, la fase constructiva de la doctrina comparatista moderna: pero a esta fase constructiva le seguirá, como ya hemos indicado, una fase crítica, si no negativa, a la que también hemos aludido, pero que necesita ser examinada más de cerca. Centrémonos, pues, más específicamente en estos dos aspectos sucesivos, incluso contradictorios, para luego extraer algunas conclusiones sobre el estado actual de la doctrina comparatista.

1. LAS CONTROVERSIAS METODOLÓGICAS DE LA PRIMERA MITAD DEL SIGLO

La definición, delimitación y evaluación científica de la disciplina comparativa han generado durante cincuenta años, como ya hemos indicado, una abundante y muchas veces notable literatura. No pretendemos examinarla ni discutirla, no solo por falta de tiempo, sino porque no pretendemos presentar aquí una exposición de metodología epistemológica. Por lo demás, es suficiente a este respecto con remitirnos a obras conocidas, y podemos limitarnos a citar, por el momento, la monumental *Introducción al estudio del derecho comparado*, colección de estudios en honor a Edouard Lambert, publicada por la Facultad de Derecho de Lyon en 1938 con la colaboración de los más grandes comparatistas de la época. Este libro hace un balance admirable de lo que se entendía por ciencia jurídica comparada en vísperas de la última guerra. Basta remitirse a este, además, para ver de inmediato cómo muchas de estas construcciones doctrinales, y las controversias que conllevan, nos parecen hoy un tanto gratuitas.

La diversidad, y muchas veces las oposiciones entre estas doctrinas, provienen del hecho de que la mayoría de los autores han buscado definir y construir el derecho comparado en función del fin que le asignaban: es por su finalidad que el estudio comparativo tenía asignada su naturaleza y su método. Esta constatación deja ya una duda sobre la legitimidad de este razonamiento científico; porque una ciencia acuerda ante todo con la sistematización de los conocimientos relativos a un orden particular de fenómenos, y su finalidad no es otra que el conocimiento mismo. Sin profundizar más en esta discusión —que en última instancia nos conduciría a preguntarnos si el derecho, y no solo el derecho comparado, constituye realmente una ciencia— notemos de inmediato que en el momento en que se afianza con mayor firmeza como disciplina científica, el derecho comparado se presenta, implícitamente al menos, como un arte a la vez que una ciencia, ya que se asigna una finalidad distinta al conocimiento sistemático desinteresado. Es un punto que no debemos olvidar.

Hechas estas observaciones, queda el hecho de que el derecho comparado consiste fundamentalmente en la constatación de los puntos comunes y las divergencias que existen entre dos o más derechos nacionales. Se trata, pues, esencialmente de un proceso de comparación, y en este sentido se ha criticado legítimamente la expresión "derecho comparado"; porque, volveremos sobre esto, no existe "derecho comparado" en el sentido en que hablamos de derecho civil, derecho penal o derecho administrativo; la fórmula es equívoca, y en este sentido la expresión alemana *Rechtsvergleichung* es ciertamente preferible. Pero los términos *droit comparé, derecho comparado, diritto comparato, comparative law*, incluso *sravnitelnoie pravo*, son tan comunes y aceptados que no se concibe modificarlos, ni siquiera cuestionarlos. Después de todo, en su campo, el término "derecho internacional privado" no es más exacto, y nadie se propone seriamente abandonarlo.

La comparación, o confrontación de derechos, puede entenderse en sí misma de muchas maneras. Para situar la gran disputa metodológica de la primera mitad de este siglo, sin volver a entrar en los detalles de las controversias o la enumeración de las Escuelas, nos parece posible distinguir tres direcciones principales de la sistemática comparativa. Solo daremos una visión rápida y puramente esquemática.

a) Para comenzar, una primera noción—o al menos una primera tendencia— consiste en proceder al estudio de todos los derechos positivos en su evolución y en su realidad efectiva. Algunos se inspiran aquí en las posiciones etnológicas de Post y de Kohler para evolucionar, con Lambert, hacia "la historia comparativa de las instituciones". El derecho comparado, considerado primero como una historia universal del derecho, se centrará luego en definir sistemas o tipos de derecho (en particular con Gabriel Tarde, luego Lévy-Ullmann en Francia, o con Wigmore en los Estados Unidos), para identificar las causas y el desarrollo de leyes nacionales (Sauser-Hall), para tener como resultado el doble uso del método histórico y el método sociológico, acercando el derecho comparado a la sociología jurídica (Ascarelli; Rheinstein; Jerome Hall) u oponiendo la dogmática jurídica al estudio comparativo del fenómeno jurídico y de su evolución (Rotondi)

b) Otra tendencia se inclina hacia el derecho comparado normativo; pero ella misma toma varios aspectos. Roguin, en célebres obras de principios de siglo, Arminjon, Nolde y Wolff en su Tratado de 1950 proceden a la comparación de los conceptos jurídicos clasificados por categorías y revisan las distintas ramas del derecho, al menos del *derecho privado*, en los diversos sistemas jurídicos. Sobre todo, muchos serán los que se esfuercen por identificar los principios comunes de las Naciones civilizadas: este es el objeto mismo de la Escuela universalista francesa de la primera mitad del siglo; este es también el objetivo de Rabel, por otra parte, muy preocupado también por comprender el derecho que vive en todos sus elementos constitutivos, para extraer de él "nociones jurídicas generales". Este es nuevamente, en varios sentidos, el caso de autores como Martínez Paz, A. Schnitzer o A. Otetelisano (en obras de muy diferente naturaleza y alcance). Llevando más allá esta forma de ver las cosas, identificaremos la idea de una *ciencia universal del derecho,* alcanzada por el derecho comparado, y tendiente a considerar el fenómeno jurídico como expresión de la unidad fundamental del espíritu humano (G. Del Vecchio y Sarfatti) o como una búsqueda, a través de los sistemas positivos, de un ideal común de justicia (Yntema).

c) Una tercera tendencia, ilustrada en particular por Roscoe Pound, ve primero en la comparación de los derechos nacionales una superación sistemática del particularismo nacional que luego podrá proporcionar las bases de un sistema legal universal; pero, lo que es importante señalar, lo hará menos por la unidad de sus reglas positivas que por la coordinación de los esfuerzos y la creación de un nuevo clima internacional. Es también en este sentido que Edouard Lambert, alejándose del "derecho común legislativo" de 1900, fija como objetivo del Congreso de la Academia de derecho comparado de 1932 "poner las diversas fuentes del derecho en condiciones de cooperar eficazmente en la comparación progresiva de los derechos nacionales, en particular en el campo del derecho de las transacciones comerciales o derecho de los negocios".

Detengámonos aquí, porque ya vemos que se inicia un cambio en la doctrina comparada. Esta parece ahora menos atenta a las especulaciones metodológicas que a las realizaciones concretas. Es muy consciente de las necesidades prácticas del mundo "occidental" del período entre las dos guerras, donde se desarrolla lo que Lambert, nuevamente, llama un derecho corporativo, nacido de la unión espontánea pero resuelta y pronto ponderada, de los especialistas. El comercio internacional, consciente de sus necesidades, busca así forjar de manera consuetudinaria sus propias leyes. Después de la Segunda Guerra Mundial, la teoría del derecho comparado tomará un nuevo aspecto, con el advenimiento de una Escuela crítica, si no propiamente, como diríamos hoy, "contestataria".

2. LAS TEORÍAS CRÍTICAS DESPUÉS DE 1945

La teoría crítica del comparatismo se afianzó con firmeza por primera vez en una obra a la que ya nos hemos referido varias veces, *Comparative Law*, de H. C. Gutteridge (1946); y fue retomada en Francia por M. René David (*Tratado elemental sobre derecho civil comparado,* 1960), en Inglaterra por M. Hamson (*The Law: its Study and Comparison,* 1955), y en Italia por el desaparecido Tullio Ascarelli (*La funzione del diritto comparato e il nostro sistema di diritto privato,* 1949). Partiendo de esta doble constatación de que, desde hace cincuenta años, no hemos podido formular una definición del derecho comparado aceptada por todos, y que las disputas metodológicas sobre la función, naturaleza y posición del derecho comparado frente a otras ciencias jurídicas solo han llevado a mayor confusión. Ahora bien, sostienen los partidarios de la nueva doctrina, habríamos evitado estas discusiones estériles y esta "logomaquia", si hubiéramos admitido de inmediato que el derecho comparado no era una ciencia especial, ni siquiera una rama de la ciencia del derecho, y que consistía únicamente en la utilización, para cualquier rama del derecho, del método comparativo.

He aquí, observamos, una verdad obvia; porque, por un lado, cada rama del derecho (civil, comercial, penal) está constituida por un conjunto de reglas positivas metódicamente coordinadas, y no existe a este respecto una "provincia del derecho comparado" [el derecho comparado no es por lo tanto una rama del derecho]; por otra parte, el derecho comparado, es decir, la investigación comparativa, es inseparable de su objeto, y hemos visto que las ideas que se presentan de él se definen en función de la finalidad que se le atribuye [El derecho comparado, se agrega entonces, no es por lo tanto una ciencia]. El derecho comparado, concluye René David, no es entonces otra cosa que "el método comparativo aplicado en el campo de las ciencias jurídicas".

Esta doctrina, a la vez realista y coherente, puso fin a controversias estériles; y a la vez, comprendía tres consecuencias de extrema importancia. En primer lugar, el método comparativo, esencia y sustancia del nuevo derecho comparado, debía ser definido, profundizado e incluso enseñado para sí mismo; su uso requiere una iniciación previa, y así desaparecería ese diletantismo comparativo que, como hemos visto, había prevalecido entre las dos guerras. En segundo lugar, el método comparativo presupone el conocimiento exacto de los dos términos de la comparación, es decir, del derecho nacional, del cual parte naturalmente el jurista, pero también del derecho o de los derechos que se pretende comparar con él; y este conocimiento no comprende reglas de derecho aisladas, que se yuxtaponen, sino el conjunto del sistema extranjero considerado en su estructura, en sus fuentes y en su funcionamiento efectivo. De allí la importancia primordial que se le reconoce al estudio de los sistemas de derecho extranjero, que se convertirá en el objeto primero, si no quizás en el objeto único, del derecho comparado en su nueva acepción. Importante afirmación que, de esta forma, implica una nueva orientación del derecho comparado: «la apertura a los sistemas extranjeros», sobre la que tendremos que explicarnos pronto. Finalmente, esta nueva manera de ver conduce a despegarse de los problemas de orden teórico o filosófico para concentrarse en los problemas concretos del derecho vivo. La "reconversión" de Edouard Lambert entre las dos guerras fue un ejemplo significativo en este sentido. Renunciando a la búsqueda del derecho común legislativo, el fundador del Instituto de derecho comparado de Lyon se concentró, con este nuevo organismo, después de haber explorado el derecho de Medio Oriente, a observar -y a discutir- la evolución del derecho contemporáneo americano, a proveer medios de estudio sobre el derecho de la Rusia soviética, luego a observar atentamente, desde un punto de vista internacional, el desarrollo del derecho del trabajo, por un lado, y por el otro, el nacimiento del derecho corporativo (especialmente el del arbitraje internacional y contratos tipos) en el campo de las relaciones comerciales, continuando y sistematizando la tendencia cuya aparición acabamos de señalar.

El éxito de la teoría crítica ha sido grande, especialmente entre quienes, por diversas razones, desconfiaban de toda aproximación unificadora de las legislaciones. Los Common lawyers, educados en una tradición insular y en la defensa de un sistema sustancialmente ajeno a las ideas y categorías romanas, encontraron en él un medio para repeler mejor las comparaciones que amenazaban con alterar su derecho y, sobre todo, los intentos de unificación del derecho. Los juristas de los países del Este, por su parte, vieron en ella la oportunidad de reconectarse con los sistemas extranjeros sin por ello transigir con el "derecho burgués" y sin aceptar un acercamiento de derechos o de instituciones incompatibles con la irreductibilidad y la superioridad afirmadas a priori del sistema de derecho socialista. Quizás también esta autocrítica de las ideas anteriores fue, y esta vez para juristas educados en la tradición del sistema romanista, una manera tanto de reconocer como de dominar la "crisis del comparatismo", de la que ya hemos hablado.

3. ¿Dónde está la doctrina comparativa moderna?

Las doctrinas críticas no carecen, como acabamos de ver, ni de justificación ni de alcance. Al reflexionar, sin embargo, vienen a la mente serias objeciones. La primera consiste en hacer notar la contradicción íntima de la nueva teoría. Su conclusión lógica es que el derecho comparado, en realidad, no existe y, menos quizás, el "comparatista" en su acepción de 1900 o 1925; y sin embargo los partidarios del nuevo estilo plantean, para el uso del método comparativo, requisitos previos, sin ninguna duda necesarios, pero exigentes, que reclaman una especialización del investigador y una especificidad de la investigación, primero dirigida hacia el conocimiento exacto de los sistemas ajenos. ¿No es esto traer de vuelta a este "derecho comparado" y a este "comparatista" que pretendíamos proscribir?

La objeción es tanto más fuerte cuanto que los defensores de la nueva teoría, como hemos visto, quieren examinar las instituciones específicas de cada sistema dentro de su marco general y preocuparse por la función social del derecho. Gutteridge declara así que las leyes deben ser estudiadas a la luz de su finalidad socio-económica y que hay que centrarse más en su aspecto dinámico que en su aspecto estático, más en su significado real que en su análisis puramente doctrinal. Pero darle este objeto a la propia investigación, ¿no es precisamente hacer ciencia y no solo utilizar un método particular?

Uno de los principales argumentos de los partidarios de la teoría crítica es, como sabemos, que el "derecho comparado" no tiene un objeto propio, como las distintas ramas del derecho; el método comparativo se aplica a materias que, se afirma, concierne en realidad a otra rama del derecho. Esta afirmación que, una vez más, se basa en una verdad evidente, no es por ello decisiva; porque entonces habría que negar el carácter de ciencia a la teoría general o a la filosofía del derecho que, también ellas, operan sobre nociones que conciernen a tal o cual rama especial del derecho. ¿Se dirá entonces que el estudio comparativo constituye un estudio de filosofía del derecho o de teoría general? Independientemente de que significaría volver a ciertas ideas de 1900, rechazadas por la nueva doctrina, es claro que hay, en el proceso de la comparación jurídica llevado a cabo en el plano internacional por el derecho positivo, un aspecto sustancial y un contenido científico diferente al de las disciplinas jurídicas internas o de las disciplinas generales a las que se acaba de hacer referencia. Si bien este aspecto y este contenido no siempre son fáciles de definir y aislar, es, como observa particularmente Jerome Hall, debido a que el propio derecho comparado presenta múltiples aspectos; porque el proceso comparativo va desde la simple cita de un código o decreto extranjero hasta vastas construcciones de síntesis como las de Sir Henry Sumner Maine.

En realidad, la teoría crítica no ha escapado a ciertas confusiones análogas a las que se reprochaba a la doctrina comparatista anterior. Sin duda, afirma que el derecho comparado solo puede ser entendido y definido por el objeto asignado a la investigación comparativa: hacer conocer una institución de derecho extranjero, buscar una solución internacional a un problema concreto, confrontar la posición de dos derechos, incluso cercanos, sobre un punto en particular (por ejemplo, la noción de provisión en términos de efectos de comercio), delimitar el marco jurídico de ciertas relaciones internacionales, preparar una convención de unificación; no podemos pues hablar, como querían hacerlo los teóricos de ayer, de una noción única y de una función, también única, de la ciencia jurídica comparativa. Pero precisamente, el razonamiento del comparatista que se enfrenta a aquellas tareas concretas no es más uniforme, no es más que "uno" en las construcciones comparativas anteriores a la última guerra. El empleo de la comparación es, en cierto modo, de dimensión variable. A veces será solo una ayuda auxiliar para la investigación de orden interna o para una presentación de carácter puramente general; a veces es un sistema extranjero (tomado en sí mismo o en una de sus instituciones específicas) que será uno de los términos de la comparación. En tal caso, y aunque quisiéramos ver que es estudiado por un jurista perteneciente a este sistema, necesariamente será abordado como un sistema distinto, inicialmente no conocido ni asimilado al sistema nacional; por lo tanto, la investigación no será, - y no podrá ser - proseguida como en una rama del derecho interno; este elemento de "extranjería", para hablar como lo hacen los internacionalistas, califica y transforma radicalmente el proceso de comparación.

Quizás entonces podamos distinguir en qué sentido el derecho comparado, incluso en sus aspectos modernos más concretos, sigue siendo *una ciencia* a pesar de todo. Lo es, creemos, desde dos puntos de vista a la vez diferentes y complementarios.

En primer lugar, bajo su forma de comparación de los grandes sistemas de derecho vigentes, constituye, o tiende a constituir, una *geografía jurídica* análoga o más exactamente paralela a la historia de las instituciones de derecho. Lambert, que había pasado él mismo, de la historia del derecho al derecho comparado, lo había comprendido ya en 1900, cuando dividió la ciencia comparada en dos ramas esenciales, la primera de las cuales era la historia comparativa. Pero la proposición es aún más cierta cuando le damos al comparatista como tarea principal el conocimiento - casi podría decirse el "reconocimiento" - de las grandes familias de derecho del mundo moderno. Al estudio de la evolución histórica del sistema debe corresponder el estudio de su posición geográfica, en la medida en que esta lo ubica junto a o frente a diferentes sistemas. Esta dimensión geográfica de la investigación comparativa sin lugar a dudas depende de la ciencia.

En segundo lugar, si ponemos atención en distinguir entre el uso ocasional de la comparación y el uso sistemático del método comparativo, fácilmente percibimos que, cuando se emplea sistemáticamente el método comparativo no es otra cosa que el método de una ciencia que, suponiendo que no tenga ningún objeto propio al comienzo, conduce al final de la investigación a un resultado —un producto— que se convierte en un objeto de ciencia específico. Si el método existe solo por su empleo, es porque es un medio, y no un fin, y menos aún un objeto de conocimiento: y el objeto es precisamente este resultado, que es diferente al del estudio de la misma materia en el orden interno. La exposición comparativa de las condiciones del matrimonio o del divorcio en dos países comparados será, nos guste o no, una exposición de *derecho comparado* en el sentido propio de la palabra. El empleo del método habrá conducido por lo tanto a visibilizar un contenido científico nuevo. Se podría decir, en este sentido, que la ciencia comparativa —ya que la hemos redescubierto— construye ella misma su objeto final; y a esta construcción objetiva no se le puede negar legítimamente el título o la designación de "derecho comparado". El derecho comparado se convierte así en la materia de un conjunto de conocimientos, sistemáticamente organizado: ¿no es esta la característica fundamental de una ciencia?

El derecho comparado será quizás muchas veces —volveremos sobre esto— un arte: el arte de la comparación, la unificación o el perfeccionamiento de las instituciones existentes. Pero nos parece difícil, tal como lo construyen incluso quienes le niegan ese carácter, no reconocerlo como disciplina científica en la precisa medida en que va más allá del contenido normativo y de la utilización técnica del sistema de derecho interno.

IV

EL DERECHO COMPARADO CONSIDERADO COMO UN MODO DE ABORDAJE CIENTÍFICO DE LOS SISTEMAS JURÍDICOS

Las consideraciones históricas y metodológicas precedentes eran necesarias; pero, después de estas generalidades y estas abstracciones, es útil volver a puntos de vista más concretos sobre el derecho comparado, con mayor razón porque, como hemos visto, los comparatistas modernos pretenden liberarse de las disputas puramente abstractas que habían marcado la primera mitad del siglo XX. Una oportunidad y una transición muy natural nos son ofrecidas por la necesidad de examinar más de cerca aquellos *sistemas jurídicos* de los cuales hemos dicho que se habían convertido en el objeto principal de la investigación comparativa. Esto es lo que debemos hacer ahora.

Muchas preguntas surgen al respecto; pero el problema preliminar consiste en preguntarse qué se entiende exactamente por "sistema jurídico". Luego habrá que averiguar cuáles sistemas están presentes en el derecho positivo actual; y finalmente habrá que preguntarse sobre el sentido de saber de qué manera conviene abordar la comparación de estos sistemas.

1. ¿Qué es un sistema jurídico?

Hay, a decir verdad, al menos dos nociones diferentes del sistema jurídico, una estrecha, la otra más amplia o más compleja.

Tomemos, en primer lugar, la *primera noción*. Para la mayoría de las personas, e incluso para la mayoría de los juristas, el derecho se compone esencialmente de normas legales. Por ejemplo, la conocida regla según la cual el hijo nacido durante el matrimonio tiene por padre al marido; o bien la que decreta que el robo, es decir la sustracción fraudulenta de la cosa ajena, es castigada con tal o cual pena. Existe entonces la tentación de yuxtaponer pura y simplemente estos textos de un código a otro. Así, la regla sobre la filiación que acabamos de enunciar se encuentra prácticamente idéntica en el Código civil francés (art. 312), el Código civil suizo (art. 252), el Código civil alemán (art. 591), el Código civil italiano (artículo 231). Es a esta yuxtaposición a la que se procedió por primera vez durante el siglo XIX, en particular cuando, alrededor de 1840 o 1850, Anthoine de Saint-Joseph estableció lo que llamó *Concordancias* entre el Código de Napoleón y los otros códigos europeos.

Sin embargo, el jurista percibe rápidamente que esta concordancia, o incluso esta similitud de los textos, no es suficiente. Los que acabamos de enumerar decretan una presunción de paternidad; pero ¿cuál es exactamente su alcance? ¿Es susceptible de prueba en contrario? ¿Quién puede invocarla? Para comprender debemos pues ir más allá de la simple regla de derecho y tomar en consideración la filiación legítima en su conjunto. De este modo, la regla de derecho (la presunción de paternidad) solo puede entenderse cuando se hace referencia a la institución de la cual forma parte (la filiación).

¿Basta con considerar simplemente, en derecho extranjero o en derecho comparado, esta institución? En efecto, para comprender cabalmente la situación del hijo legítimo, hay que compararla con la del hijo ilegítimo y, en el derecho moderno, también con la del hijo adoptado. Se llega de este modo a una consideración más amplia de la familia en su totalidad, cuyo estatus debe ser examinado. Esto nos conduce a un examen de los efectos del matrimonio, o por el contrario, para el hijo natural, de la ausencia del matrimonio, a un examen de la relación entre cónyuges, entre padres e hijos, a la existencia y alcance de la patria potestad7, e incluso al régimen sucesorio, porque una de las características importantes del estatus del hijo legítimo es que, tradicionalmente, su parte en la herencia es mayor que la del hijo natural. Un proyecto francés actualmente en elaboración, aparte de un serio estudio comparativo y que incluye cierta influencia de la legislación alemana reciente, fue llevado a cabo de este modo, antes de proponer modificaciones a las reglas de la filiación natural, a considerar todas las cuestiones que acabamos de reseñar, incluyendo otras concernientes al derecho social o al derecho penal.

Se pone de manifiesto de este modo que lo que es objeto del debate es todo el sistema del derecho francés por comparación con el derecho suizo, el derecho italiano o el derecho alemán. Nos encontramos así con tres nociones de importancia creciente que se superponen y se completan en una especie de jerarquía: primero la regla de derecho, luego la institución, finalmente el sistema jurídico. Así es como descubrimos lo que hemos llamado la primera noción del sistema jurídico: el conjunto del derecho nacional, cuyo examen es necesario, como acabamos de ver, en un gran esfuerzo por mejorar este derecho apelando a las enseñanzas del derecho comparado.

Existe una *segunda noción* del sistema jurídico que es, hablando con propiedad, la de los comparatistas. Los cuatro derechos que acabamos de considerar (alemán, francés, italiano, suizo) dan, como hemos visto, soluciones idénticas en cuanto a sus formulaciones, al menos a nivel de la regla de derecho. Las diferentes instituciones a las que luego se recurre son igualmente análogas, o al menos muy próximas, en los cuatro derechos examinados. Se hace allí la distinción entre la filiación legítima y la filiación natural, la familia se organiza en gran medida de la misma manera, como lo es la patria potestad o el orden de sucesión. Además de ello, las categorías generales, las principales divisiones del derecho, los procesos de razonamiento y los métodos de presentación de los asuntos también son en gran medida los mismos. Las diferencias que pueden pues existir entre ciertas reglas de derecho, y que precisamente permiten la imitación de un sistema a otro, no son en modo alguno incompatibles con una comunidad sustancial de los principios y de los métodos.

Ya no es lo mismo si cruzamos el Canal de la Mancha. Cabe puntualizar que Inglaterra ignoró la adopción y la legitimación hasta 1926. Más allá, si tomamos una materia en la que los derechos de la Europa continental están muy próximos unos de otros, la de la obligación, observamos que la noción tradicional [para nosotros] de la obligación como *vinculum juris* que lleva consigo, según el antiguo análisis romano, un poder de dominación o de coerción de un individuo sobre otro, es como tal ajeno al derecho inglés tradicional. Blackstone, en sus famosos Comentarios sobre el derecho de Inglaterra [en la segunda mitad del siglo XVIII], ni siquiera lo menciona. La obligación es pues considerada en derecho inglés como un valor patrimonial, una *chose in action*, según la antigua jerga anglo-normanda del common law, en oposición a la *chose in possession*, propiedad corporal en la cual el titular ejerce directamente su derecho sobre este elemento del patrimonio. No existe, por lo tanto, una teoría general de la obligación en el derecho inglés clásico, y se estudian por separado los contratos, por una parte, y los delitos (faltas) por la otra. Recién en el siglo XX los juristas ingleses comenzaron a hablar de "obligación civil". Del mismo modo, acabamos de ver que la legislación inglesa, por ejemplo, ha aceptado la institución de la adopción desde hace menos de cincuenta años.

Las razones de esta divergencia son históricas y solo podemos recordarlas aquí brevemente porque tendremos que volver sobre ellas. Ha habido en la historia un divorcio entre el derecho romano y el derecho inglés que se constituyó, desde la conquista normanda hasta el Renacimiento, por efecto de una especie de secreción autóctona que nada debe a Cayo ni a Justiniano. De allí rúbricas, divisiones generales, nociones básicas, métodos de exposición y de aplicación que son completamente diferentes de los que han prevalecido en el Continente. Los derechos francés e italiano por un lado, los derechos suizo y alemán por otro, son solo aparentemente "derechos latinos" o "derechos germano-helvéticos", porque todos pertenecen a un mismo sistema, el sistema romanista continental, a veces llamado romano-germánico, lo que los Ingleses denominan *civil law (jus civile)* por oposición a su sistema del "common law".

Se percibe claramente, por lo tanto, que el término "sistema jurídico" tiene dos significados: el primero reducido (sistema francés contra sistema italiano, por ejemplo) y el segundo más amplio (sistema continental contra sistema angloamericano). Para evitar esta ambigüedad, ciertos comparatistas, como René David, a veces prefieren hablar en el segundo sentido, ya no de un sistema, sino de familia de derecho. La fórmula es quizás más exacta, aunque la palabra "familia" en sí misma sea susceptible de tener varias acepciones. De todos modos, el término sistema jurídico es generalmente aceptado y, en el lenguaje del derecho comparado moderno, se refiere siempre a la segunda acepción de la palabra. Es, por lo tanto, en este significado que lo tomaremos de ahora en adelante.

Diremos entonces que por ordenamiento jurídico entendemos un conjunto más o menos extenso de legislaciones nacionales unidas por una comunidad de origen, de fuentes, de ideas fundamentales, de métodos o de procedimientos de desarrollo. En este sentido, a menudo se ha hecho una comparación con el campo de las religiones, (en el sentido amplio del término "religión") por ejemplo, el cristianismo, el islamismo o el budismo - puesto que cada uno entraña una unidad fundamental - a pesar de las diferencias que se encuentran entre las religiones (en el sentido estricto), las sectas o los cultos que puedan existir en el interior de cada una de ellas.

El reconocimiento de los sistemas así examinados es suficiente para tornar vana la vieja yuxtaposición (la "concordancia") de las reglas de derecho. Al mismo tiempo se torna prudente, en lo concerniente a la comparación de las instituciones, precisamente construidas aparentemente en formas comparables (por ejemplo, la adopción inglesa y la antigua *adoptio plena* del derecho romano).

Este es particularmente el caso cuando estas instituciones no tienen la misma base histórica, ni la misma significación jurídica, ni el mismo impacto social de un sistema a otro. Este concepto ampliado exige, por tanto, tomar en consideración los diversos sistemas existentes como una estructura jurídico-social en el plano internacional. Por lo tanto, nos conduce lógicamente al segundo problema que hemos enunciado: ¿cuáles son los sistemas que se encuentran actualmente presentes en el mundo?

2. Los sistemas positivos actualmente disponibles

Se necesitarían ciertamente varios capítulos sucesivos para especificar las características particulares y el lugar respectivo de los principales sistemas jurídicos distribuidos en el mundo. El objetivo de la presente exposición es mucho más modesto, ya que solo busca delimitar los sistemas, en tanto bloques de legislación particular, frente a los cuales debe situarse el comparatista antes de cualquier comparación institucional más pormenorizada.

No es necesario aclarar que, desde 1900, también han existido grandes controversias sobre el número, la naturaleza y la determinación de los sistemas existentes en la actualidad o que han existido en el mundo. No se trata evidentemente de retomar todas estas discusiones, ni de tomar partido entre doctrinas que son a la vez cercanas y contradictorias. Sobre esta clasificación de los sistemas existentes, haremos en primer término tres observaciones preliminares.

a) El área geográfica de la clasificación puede ser más o menos amplia o más o menos restringida. Podemos hablar, por ejemplo, del sistema de los países del Mercado Común o, más ampliamente, de los países de América Latina; y, en este último caso, habrá que establecer subgrupos, dependiendo del origen y de la naturaleza de las legislaciones examinadas.

b) La clasificación puede igualmente basarse en las características históricas, y ya no geográficas, de los sistemas en cuestión. Así, el sistema de derecho musulmán o el antiguo derecho chino extraen en sus orígenes lejanos su particularidad propia, en tanto sistemas estructurados. Sin embargo, desde la segunda mitad del siglo XIX [volveremos sobre esto], los países de derecho musulmán se han occidentalizado, y todos sabemos que, desde hace poco más de veinte años China se ha situado, al menos en ciertos aspectos y bajo reserva de evoluciones posteriores, en la categoría de las democracias populares.

c) Según el criterio elegido, la clasificación es variable. En el plano contractual o con respecto al régimen de la propiedad, también desde el punto de vista de las fuentes y de los métodos de desarrollo del derecho, se opone necesaria y fácilmente el derecho romanista y el sistema del common law. En cuanto a las categorías jurídicas y la división de materias (derecho civil y derecho público, principales categorías de la ciencia del derecho), se puede, en ciertos aspectos, comparar el derecho soviético con el sistema romanista, esta vez contrastándolo con el common law. En lo que atañe al plano económico-jurídico y el de la organización o planificación social, debemos, por el contrario, oponer el derecho de los países socialistas, tanto al sistema romanista como al sistema del common law.

Hechas estas observaciones puede establecerse, en principio de forma esquemática pero claramente, que en el mundo actual es necesario distinguir ante todo tres grandes sistemas o, si se prefiere, *tres grupos esenciales* de regímenes jurídicos, a los cuales deberá agregarse *dos grupos complementarios* menos estrictamente definidos. Comencemos primero por los tres grupos esenciales.

A) 1. — El primer grupo, tal como se desprende de lo precedente, es el sistema romano-germánico, caracterizado por su descendencia romana. La antigua división de los llamados derechos latinos y los derechos o las costumbres germánicas fue borrada históricamente por la recepción del derecho romano en Alemania y en Europa central. Este fenómeno condujo, hasta finales del siglo XVIII, a la constitución y al predominio de un *derecho común europeo* que aseguró la unidad fundamental del conjunto que ahora llamamos romano-germánico. Esta unidad se vio luego en dificultades, pero no destruida, por las codificaciones nacionales del siglo XIX. Es cierto que estas codificaciones independientes tendían a la diversidad; pero todos abrevaron por igual de la herencia romana o se originaban en ella, y es así, una vez más, que la teoría de las obligaciones civiles es en gran parte común a todos los países del grupo romanista.

Las codificaciones de la Europa continental tenían, en cambio, la misma técnica. Allí el derecho era enseñado y desarrollado de forma considerablemente análoga, de modo que existía un lenguaje jurídico común o, al menos, una forma de expresarse tal que las traducciones de un idioma a otro eran fáciles. Incluso las divergencias entre los diferentes países de esta familia tuvieron un origen común. En Francia, la supremacía del Código Napoleónico *ha confinado* la doctrina en la exégesis de los textos durante casi tres cuartos de siglo. Pero esta exégesis se hizo con modos de razonamiento derivados del método de los juristas romanos. En Alemania, la ausencia de codificación durante el siglo XIX y la permanencia de un "derecho romano actual", permitieron el desarrollo y los trabajos de la Escuela de los Pandectistas; pero estos solo continuaron la elaboración secular del derecho sobre la base, en realidad, de las reglas y los métodos romanos. El resultado para Alemania fue una sistematización dogmática muy profunda que, en 1900, provocó que el BGB confrontara con el Código Civil francés de 1804, como ya hemos destacado. Pero cuando en Inglaterra, a principios de este siglo, Edward Jenks trató de formular un *Digest of English Civil Law* sobre el modelo y el marco de la codificación alemana se observó que lo esencial del derecho inglés desaparecía en esta tentativa, además puramente teórica.

El derecho continental conserva, por lo tanto, en gran medida, su estructura unificada. Además, se ha podido constatar por un lado, que el movimiento a favor de lo que se ha llamado el renacimiento del derecho natural constituyó, en muchos aspectos, un retorno a la idea de derecho común, de *jus inter gentes*, más allá y a través de la diversidad de las leyes nacionales; por otro lado, las codificaciones recientes contradicen la oposición que a veces se había creído posible establecer entre "derecho latino" y "derecho germánico". El Código civil italiano de 1942 le debe mucho al BGB; y, por el contrario, los Países Bajos, Austria e incluso los países Escandinavos están más cerca en muchos aspectos de la técnica legislativa francesa que de la sistematización abstracta alemana. Si se agrega la importancia de la herencia romana en América Latina, o se combina la influencia del Código Napoleón, del BGB, del Código civil suizo y del Código italiano, se logra reconocer la homogeneidad del sistema romanista entero.

2. — El segundo grupo está obviamente compuesto por el sistema del common law, geográficamente cercano, pero fundamentalmente diferente del sistema romano. Como hemos dicho, el common law no debe prácticamente nada al derecho romano. Después de la conquista normanda (1066) las leyes anglosajonas existentes habían permanecido teóricamente en vigencia: Guillermo el Conquistador lo había proclamado. Continuaron por lo tanto siendo aplicadas por las jurisdicciones locales. Pero cuando la paz del rey estaba amenazada, se podía recurrir a la *Curia Regis*, es decir prácticamente a los jueces o a los grandes vasallos designados por ella para impartir justicia en las provincias. Estos jueces pronto constituyeron de este modo cortes reales con competencia para lo concerniente al derecho público, para la propiedad de la tierra (materia que, bajo un régimen feudal, seguía siendo de derecho público) y para los delitos más graves. Por regla general, los particulares solo podían dirigirse a estos jueces solicitando al rey - es decir, de hecho, al canciller - la expedición de un auto (writ) que permitiera el acceso excepcional a las cortes reales. La progresiva extensión de estos *writs*, por una evolución histórica que es imposible rastrear aquí, permitió a los jueces reales constituir un derecho nuevo, pero que presentaron nada menos que como "la costumbre general e inmemorial del reino". Contrariamente a los jueces del Continente, estos jueces ingleses, emisarios de la *Curia Regis*, no eran juristas nutridos por el derecho romano y el derecho canónico y llamados a dirimir disputas de derecho privado (no olvidemos que el derecho romano es esencialmente un derecho privado). Se enfrentaban a problemas de derecho público que afectaban la corona y la paz pública y buscaban resolverlos, o al menos abordarlos, por medio de procedimiento.

Así se formó el *sistema del common law*, esencialmente publicista, procesal y judicial. Para dar estabilidad a este sistema que fue fundado sin leyes, los jueces adquirieron el hábito de ajustarse a la *regla obligatoria del precedente.* Toda decisión judicial se impone de este modo al juez que se ha pronunciado y a todos los futuros jueces. El modo de formación del derecho inglés es, por tanto, absolutamente ajeno al modo de formación del sistema romanista.

Para completar, habría que agregar que, con el fin de estar preparados para enfrentar los rigores de este derecho encerrado en sus propios precedentes y para compensar sus insuficiencias, ya que solo se estableció gradualmente, siempre se permitió dirigirse al rey, es decir, recordemos, al canciller, originalmente eclesiástico, su confesor, y "guardián de su conciencia". El canciller dio entonces una solución que no era jurídica, sino equitativa, y así se desarrolló, junto a las cortes del common law, una jurisdicción de equidad. Por lo tanto, el derecho inglés tendrá posteriormente una estructura tripartita que comprende: el *common law,* la fuente esencial, *Equity* que lo corrige, y el *statute law,* la ley escrita tal como resulta de los actos del Parlamento, que la completa o la modifica. Tal es, esquematizada quizás al extremo, la estructura de este sistema que se convertirá en un grupo importante cuando se haya extendido a las distintas partes del mundo por la expansión y la colonización inglesas.

3. — El tercer grupo que hemos de mencionar no aparece antes del siglo XX, después de la segunda guerra y por el desarrollo político y geográfico del sistema elaborado en primer lugar, inmediatamente después de la primera guerra, en la Unión Soviética. La Revolución de Octubre, luego de haber dejado provisoriamente en vigencia el antiguo derecho, abolió en 1918 toda la legislación zarista en bloque. Se elabora así un nuevo derecho, por las leyes o los decretos del poder revolucionario, pero también por la acción de los tribunales populares que, a falta de textos, deben juzgar según su "conciencia socialista del derecho". Después de diversas fases (el comunismo de guerra, la NEP de 1920, la colectivización y la planificación, el período estalinista, luego el período post-estalinista), el derecho soviético se estructura lo suficiente como para servir como modelo a las democracias populares establecidas después de la segunda guerra mundial, en los países de Europa del Este.

Este sistema incluye conceptos jurídicos básicos, una jerarquía de las fuentes y una división de las materias jurídicas en gran parte heredadas del sistema romanista. Pero, sobre todo, traduce en legislación la doctrina marxista-leninista. En un régimen comunista total, el derecho se vuelve inútil, porque no es más que una superestructura de la sociedad capitalista. En virtud de esta teoría de la "extinción del derecho", el derecho en la Rusia soviética subsiste, provisionalmente, solo durante la fase de construcción del socialismo; pero al mismo tiempo se convierte en uno de los instrumentos esenciales de esta construcción. De allí la noción muy particular de la "legalidad socialista": todo lo que contribuye a la realización de la sociedad comunista es legal o está jurídicamente justificado. La legalidad no es pues aquí, un límite que se opone, como en los países occidentales, a la arbitrariedad individual o estatal, sino un medio orientado hacia la finalidad misma de la comunidad social que aquella debe gobernar. Esta posición fundamental, de la que resulta una oposición de estructura con los conceptos occidentales, sitúa el sistema de derecho socialista en su verdadero contexto.

Este sistema se basa, no lo olvidemos, en la nacionalización de los medios de producción. Establecerá, por lo tanto, una diferencia entre la propiedad personal y la propiedad social, estando solo esta última fuertemente protegida. El derecho todo está dominado por la planificación de la economía e incluye una amplia publicidad de las relaciones jurídicas que conducen a un arbitraje estatal entre las empresas nacionalizadas, en lugar de un contencioso judicial e incluso de un contencioso administrativo. Finalmente, este sistema apela en gran medida a la colaboración de las masas. Se podría decir además que la esencia del sistema soviético se basa en la jerarquización de esta exhortación a las masas populares, desde el Soviet local hasta el Soviet Supremo de la U.R.S.S. Los tribunales incluyen, por lo tanto, además del juez jurista, asesores populares; y los jueces y asesores son elegidos del mismo modo. Se apela aún a las "asambleas de comunidades", a organismos como los "tribunales de camaradas", que dan ostensiblemente testimonio a favor de la socialización del derecho, de las relaciones individuales y de la justicia.

Baste decir que este sistema se presenta como un grupo homogéneo, intrínsecamente diferente de los otros dos sistemas occidentales, el sistema romanista y el sistema del common law.

B) — Ya hemos indicado que, además de estos tres grupos esenciales, existen "grupos complementarios" que deben ser tomados en cuenta en una presentación general completa de todos los sistemas de derecho actualmente vigentes. Solo podemos dar aquí indicaciones rápidas, y nos limitaremos a señalar la existencia de dos grupos complementarios particulares.

1. — El primero está constituido por lo que podría llamarse los sistemas de derecho religioso, en particular los antiguos sistemas asiáticos, y en especial el derecho hindú o el antiguo derecho chino o japonés No hay suficiente tiempo para abordarlos. Solo indicaremos la importancia de otro sistema de derecho religioso, el *derecho musulmán*, que geográficamente tuvo su imperio en Oriente Medio y en parte de Asia y de África.

Históricamente, este derecho musulmán se confunde con el islamismo. Derecho y religión son aquí inseparables. Las fuentes del derecho musulmán tradicional son en primer lugar el Corán, luego lo que se llama la *Sunna*, es decir, la conducta del Profeta en la vida privada y la vida pública, que sirve de guía a todos los creyentes y cuyos rasgos importantes se recogen en relatos o en decisiones que originalmente se transmiten en forma oral *(hadith)*. Finalmente, otra fuente es la interpretación autorizada tal como resulta del consentimiento general de los doctores o teólogos (*Idjam*).

Estas diversas fuentes, que se encuentran estrechamente unidas entre sí, por un lado, dan nacimiento a la ciencia del derecho, muy desarrollada por los doctores del Islam *[Fikh]* y, por otro lado, a las reglas de derecho positivo tal como que se aplica, y que ha recibido el nombre de *Char'ia*, que propiamente significa "camino a seguir", del que se extraen pues, las reglas del comportamiento social. No obstante, estas fuentes resultaron ser incompletas, a medida que se desarrollaban los Estados musulmanes. Se dejaba en consecuencia una parte importante a la costumbre y a la decisión de los jueces, cuyo poder de discreción era muy grande, por fuera, por supuesto, de las estrictas pero escasas reglas del derecho religioso.

Esta situación se prolongó hasta la segunda mitad del siglo XIX, cuando el derecho musulmán, inflexible, siguió aplicándose únicamente a los fieles. Los países occidentales, que querían comerciar con estos países musulmanes, debían buscar un régimen de derecho que pudiera aplicarse tanto a sus nacionales como a las transacciones comerciales internacionales. Así nació el llamado sistema de las "capitulaciones", por el cual los países occidentales establecieron tribunales en los países musulmanes para juzgar a quienes no eran musulmanes o a sus nacionales en relaciones comerciales con musulmanes. Estas capitulaciones representaron obviamente una pesada carga y también una humillación porque fueron un ataque a la soberanía de los países a los que se impusieron. Por eso estos últimos intentaron, a partir de 1850, atribuirse códigos imitados de los códigos occidentales, para permitir las relaciones jurídicas con Occidente y escapar del régimen de las capitulaciones. La evolución a este respecto fue progresiva, y el punto extremo se alcanzó durante la revolución de Atatürk en Turquía quien, en 1926, adoptó el Código Civil Suizo como su Código Civil Turco. Hoy Turquía, Irán, Sudán, Pakistán, Indonesia tienen derechos occidentalizados, salvo para algunos en ciertas materias de derecho personal. El sistema musulmán subsiste aún, en gran medida, en Arabia Saudita, Yemen y Kuwait. Finalmente, algunos otros países musulmanes en África Central y Albania se han convertido en países de derecho socialista.

2. —Un segundo grupo complementario, cuya importancia seguramente no dejará de crecer, es el de los países del Tercer Mundo, y en particular los nuevos países de África y Asia. Por una parte, son países donde originalmente rige el derecho musulmán. Por otra parte, especialmente en el África negra, se trata de países cuyo origen está vinculado a la supresión de la condición colonial, pero que a menudo se mantuvieron muy cerca del sistema jurídico de los antiguos colonizadores. Así es como el derecho romanista subsiste en gran medida en el África francófona y cómo el sistema del common law hace sentir su influencia en el África anglófona.

Debemos señalar, sin embargo, un gran esfuerzo por parte de los países del África negra, en particular, para hacer visible un derecho africano más o menos común y para traducir el concepto de *negritud* en términos jurídicos. Cabe señalar también el caso particular de Camerún, donde coexisten tanto el sistema romanista como el sistema del common law. Finalmente, en casi todos estos Estados [y tendremos oportunidad de volver sobre esto], la legislación occidental u occidentalizada, que es nueva, coexiste con costumbres ancestrales que tienen, ya sea su dominio particular en derecho, como en materia de status personal, o por el contrario un dominio de hecho, que se combina más o menos bien (o más o menos mal) con el nuevo derecho occidentalizado. Este es particularmente el caso de África, donde la nueva legislación oficial se aplica principalmente en las ciudades y a ciertas clases, mientras que el campo y las pequeñas aldeas se mantienen fieles a las viejas costumbres.

3. CÓMO ABORDAR ESTOS DIFERENTES SISTEMAS

Ahora deberíamos preguntarnos en qué debe consistir el enfoque científico efectivo de estos sistemas que acabamos de delinear rápidamente. Se trata en realidad del primer estadio de la investigación comparativa, que obviamente no podríamos estudiar aquí en detalle. Por esta razón, para orientar las ideas, nos gustaría ceñirnos a dos órdenes de reflexión o, si se prefiere, a dos órdenes de direcciones generales: en primer lugar, todo sistema que se aborde - o incluso más simplemente, todo derecho extranjero que se considere como tema de estudio - debe ser objeto de una comprensión global; en segundo lugar, al tratarse esta vez de sistemas diferenciados, debe ser objeto de un abordaje específico.

En primer lugar, la *comprensión global del sistema*, sea cual fuere. Tal requisito puede parecer excesivo a primera vista; porque la investigación comparativa casi nunca se refiere a todo el sistema, sino a una institución (el matrimonio, el divorcio, la venta), o incluso a una regla especial: los derechos sucesorios del cónyuge que sobrevive, por ejemplo. Tomemos precisamente esta última hipótesis como ilustración y, recordando lo dicho hace un momento sobre la presunción de paternidad legítima, intentemos completar, ampliándola, la demostración ya esbozada.

En el Código Civil francés de 1804, el cónyuge que sobrevive es solo un sucesor irregular (antiguo art. 767); como el Estado, el cónyuge que sobrevive recibe la sucesión entera a falta de otro sucesor; pero cualquier otro sucesor lo destituye, y no goza de saisine, es decir, no puede embargar los bienes de la herencia, sino a condición de haber obtenido en juicio la entrega en posesión. Ciertamente esta rigurosa posición fue subsanada posteriormente, y una ley del 9 de marzo de 1891 ya le había concedido una parte en usufructo; pero, a pesar de otras reformas posteriores a 1891, técnicas y limitadas a la vez, fue necesario esperar hasta la ordenanza de 23 de diciembre de 1958 para que deje de ser un "sucesor irregular". A esta situación desfavorable, era común oponer las *reglas* del BGB (art. 1931) y del Código Civil suizo (art. 462) que, con diversos matices y bajo diversas condiciones, hacen heredero legítimo al cónyuge sobreviviente. La divergencia es importante en la reglamentación legal; pero ¿qué es en realidad, en el juego combinado de las instituciones del derecho de familia?

En este sentido, no debe olvidarse que el régimen del Código Napoleón contempla solo la sucesión ab intestato. Ahora bien, en la sociedad regida por el Código de 1804, todo el que tiene una fortuna hace testamento. Para comprender cuál será, o podría ser, la situación legal del cónyuge sobreviviente, es necesario, pues, remitirse a las reglas de la sucesión testamentaria y a la determinación de la cuota disponible, dejada a la libre disposición del testador. Además, en esta misma sociedad burguesa del siglo XIX, todos los que tienen bienes personales firman, al casarse, un contrato de matrimonio: la novela y el teatro del siglo pasado nos han enseñado suficientemente la importancia, tanto del legado (que tomamos del testamento), como de las ventajas matrimoniales. Ahora bien, la regla del antiguo artículo 767, que relega al cónyuge sobreviviente al rango de sucesor irregular, excluye, por él mismo y solo por él, estas ventajas matrimoniales; y la libertad de convenciones matrimoniales es muy grande, ya que permite beneficiar considerablemente al cónyuge al punto de concederle, por una "institución contractual", un derecho irrevocable a todo o a parte de su propia sucesión. Por lo tanto, no se debe perder de vista el régimen de donaciones. Pero vayamos más lejos aún y tomemos el caso de un esposo sobreviviente cuyo cónyuge no dejó testamento y con quien estaba casado sin contrato: este parece ser el caso típico del art. 767. No debe olvidarse, sin embargo, que en el Código Napoleón el régimen legal (es decir, el de los cónyuges casados sin contrato) es el de comunidad de bienes muebles y de bienes gananciales (y este es, en el siglo XIX, prácticamente también el régimen de aquellos que al momento de casarse no poseen bienes): en tal caso, el cónyuge supérstite recibirá la mitad, en pleno dominio, de la comunidad. No lo recibirá a título hereditario y por aplicación de las reglas de transmisión hereditaria, sino por aplicación del régimen matrimonial de derecho común. Este cónyuge supérstite, a quien la ley niega íntegramente la herencia, en presencia de hijos legítimos compartirá de hecho con ellos simplemente - y en partes iguales - el patrimonio que deja el causante. Así, el juego concurrente de reglas o de instituciones paralelas corrige la rigidez de una regla aparentemente simple y estricta. Para comprenderlo, es necesario asimilar tanto el régimen de sucesiones como el de las relaciones patrimoniales de los cónyuges, es decir todo el derecho de familia, y examinarlo teniendo en cuenta el medio social y las costumbres de aquellos a quienes se aplica.

Como ya hemos hecho anteriormente, dejemos por el momento el sistema romano-germánico y el terreno en el que nos habíamos detenido a estudiar en primer lugar. Si queremos preguntarnos cómo en el derecho inglés se realiza una institución o mediante qué procedimientos se puede asegurar la protección de los incapaces y la gestión de sus bienes, uno se da cuenta —lo cual no deja de asombrar a los "Continentales"— que en ambos casos la técnica utilizada es la del Trust. Encontramos aquí, una vez más, esta vieja institución inglesa que conoció un destino prodigioso. Aparece en el Common Law del siglo XIII, bajo la forma de uso: los bienes son recibidos por alguien en beneficio de otra persona, física o jurídica. En el siglo XV Equity le dio su estatuto y sus sanciones. Utilizado durante mucho tiempo sobre todo en el derecho de familia y para constituir instituciones, recibe una expansión considerable en el siglo XIX en el derecho comercial, donde el *trustee* (el que recibe los bienes), de ahora en más asalariado, es un banco, una compañía aseguradora, una sociedad comercial. El trust jugará así, en el sistema angloamericano, el rol que, en el sistema romanista, juegan simultáneamente las convenciones matrimoniales, la estipulación a favor de otros, la representación, la constitución de derechos reales; y proporciona notables facilidades tanto en materia de sucesiones como en términos de la gestión de valores mobiliarios, en particular a través del procedimiento de *rinvestment trust*, que compra títulos, percibe los ingresos y los realiza después de la valorización para comprar otros nuevos, en beneficio de tenedores de *trust certificates*. Estamos, pues, en presencia de una institución múltiple —y multiforme— que irradia en cierto modo sobre todas las ramas del derecho privado, e incluso del derecho público (las fundaciones), sin equivalente exacto en la técnica continental (porque supera de lejos la antigua fiducia romana), que satisface necesidades a las que se enfrenta el sistema romanista a través de procedimientos totalmente diferentes y que solo pueden comprenderse cuando se sitúan en su sistema de origen, considerado él mismo en su técnica y estructura.

Esta comprensión global del sistema, tanto en sus datos históricos como en sus condiciones de aplicación socioeconómicas, se convierte así en la primera condición para un uso verdaderamente científico del método comparativo. La doctrina comparatista moderna insiste con razón en ella y de manera verdaderamente universal, como nos lo demuestra la reunión, no concertada e incluso involuntaria, de dos eminentes comparatistas, Trajan Ionasco (Rumania), en representación de los juristas socialistas, y Rheinstein (Estados Unidos), quien, gracias a su vasta cultura, abarca tanto el sistema romanista como el sistema del common law, es decir, todo el derecho occidental. Durante la Semana internacional del derecho comparado, celebrada en París en octubre de 1969, Ionasco insistió en la necesidad de distinguir el estudio *formal* del sistema, que se limita a la expresión normativa del derecho, del estudio *material*, que se centra en el contenido socioeconómico de la regla. Desde el punto de vista formal, el contrato económico del derecho socialista es análogo, si no idéntico, al contrato romanista clásico (modos de formación, elementos de validez, vicios de consentimiento, efectos); pero sustancialmente, su existencia real, su valor, su alcance y su eficacia derivan de los órganos de planificación; y depende de ellos mucho más que de su reglamentación legal externa. Rheinstein, por su parte, invitó a los comparatistas a investigar cómo, en un sistema dado, los elementos sociales y económicos actúan y, en última instancia, se expresan en términos de reglas jurídicas. Así, períodos de estabilidad monetaria o, por el contrario, de crisis económica pueden modificar y moldear el contexto de la regla de derecho: el New Deal fue un ejemplo de ello en Estados Unidos. De ahí la influencia de los que este autor llama los "inspiradores" o los "transformadores" del derecho; unos después de otros, los filósofos del siglo XVIII, los juristas teóricos del siglo XIX, luego los economistas y tecnócratas del siglo XX. Por lo tanto, debemos considerar el sistema, aquí nuevamente, menos en sus reglas y sus instituciones que en sus formas de pensamiento jurídico, en su atmósfera y su espíritu, en la forma en que el juez y el abogado, el fiscal y el funcionario, el público en general y lo que nos atreveríamos a llamar "usuarios del sistema" lo comprenden, lo experimentan y quieren verlo evolucionar. Cada sistema tiene, pues, su propio estilo, que no es menos importante que su técnica jurídica.

Tendremos que redescubrir esta noción de comprensión global del sistema. Nos pareció necesario sacarlo a la luz de inmediato, porque es válido, cualquiera sea el sistema examinado. Quedaría por preguntarnos cómo, cada uno de los sistemas principales, *ut singuli* esta vez, debe ser abordado. A falta de poder tratar este vasto problema, que requeriría un trabajo dedicado solo a él, nos limitaremos, en relación con los grupos principales, a formular breves observaciones.

El grupo romanista aún puede ser abordado en su conjunto, incluso por los juristas que lo integran. En este enfoque del sistema romanista, la técnica jurídica del derecho privado cobra particular importancia. Este es especialmente el caso de la teoría de las obligaciones, de la que se ha intentado realizar una síntesis comparativa concreta mediante el proyecto franco-italiano de las obligaciones de 1929, ya citado, y al que volveremos. Ciertamente, existen diferencias entre el Código Napoleón y BGB. Este último, más que el Código civil francés, ha mantenido la distinción romana entre el Pacto generador de obligación y el acta de enajenación. El principio del artículo 1138 del Código civil francés (la obligación de entregar la cosa es perfecta por el solo consentimiento de las partes contratantes) se opone a la antigua investidura germánica que se ha convertido en Alemania en la cesión judicial *(Auflassung)*; y, casi a la inversa, el contrato real de enajenación (de una cosa y de un derecho) es considerado como un contrato abstracto independiente de su causa, en el derecho alemán.

No obstante, todas estas diferencias de técnica se resuelven en una comunidad de discusión jurídica y en la unidad de los métodos de desarrollo del derecho. Se observará, además, que el carácter particular de los derechos romanistas favorece las agrupaciones regionales, ya sea en el Mercado Común, en los países Escandinavos, o en América Latina: también este es un punto sobre el que volveremos.

Para abordar el grupo angloamericano, es necesario dar predominio aquí a la estructura del sistema. El rol del precedente judicial, la importancia del procedimiento y del régimen de pruebas (*evidencia*), el carácter limitado de las reglas de derecho (se evita establecer principios generales para dar solo soluciones concretas, si es posible), la propia casuística de la ley escrita, son características del sistema. Hay, además, nociones e instituciones específicas (como la del trust), que en sí mismas requieren un estudio particular. El sistema del common law es muy respetuoso de la libertad individual; pero la protege, no por un principio abstracto de legalidad, sino por medios de procedimiento, el habeas corpus, la lealtad del proceso *(Jair trial)*, el *due process of law:* este enfoque del sistema del common law es significativo.

En el grupo del derecho socialista predomina la consideración de la ideología básica y el dinamismo legal. Se proclama la omnipotencia de la ley escrita, pero esta ley cambia rápidamente y sus cambios, a menudo imprevistos, son a veces contradictorios. Así, la NEP que, después de 1920 contradecía al comunismo de guerra, fue sustituida, pocos años más tarde, por una política de industrialización y de colectivización enérgica; el sistema de *analogía penal* que marcó los Códigos penales de 1922 y 1926 fue reemplazado por la adhesión a la estricta legalidad de los delitos y de las penas en la reforma penal de 1958 a 1960. El carácter popular del derecho, y sobre todo de la administración de la justicia, la publicidad de las relaciones económicas, que sustituye el contrato de derecho privado tradicional y el juego de la libertad contractual de los países occidentales, y finalmente, ciertas instituciones, como la *Prokuratura*, terminan de dar su fisonomía jurídica original al grupo socialista.

En cuanto a los países del Tercer Mundo, el problema es quizás, en cuanto al derecho positivo, estudiar primero la realidad socioeconómica más allá del derecho formal de los códigos y de las leyes. En todo caso, es adecuado, para el comparatista, plantear los sistemas como entidades jurídicas complejas que se conforman, se oponen o se completan. Surge a partir de allí un problema importante que debe ser ahora objeto de nuestro interés: ¿en qué medida podemos tomar en cuenta la comparación de los sistemas de derecho positivo existentes?

V

COMPARACIÓN U OPOSICIÓN DE LOS SISTEMAS

Los desarrollos precedentes ya han mostrado que los sistemas jurídicos planteados o abordados en su realidad sustancial constituyen el objeto primero del estudio jurídico comparativo. Es evidente, sin embargo, que la comparación, por definición misma, no consiste en aislar, sino por el contrario en reunir o en confrontar los dos términos que son su objeto. Hemos visto igualmente que, desde que el derecho comparado ha sido considerado como una disciplina propia, o al menos como la utilización propia del método comparativo, su objeto principal ha sido "la comparación de las legislaciones o de las instituciones jurídicas de los diferentes países". Es en este aspecto esencial de la investigación comparativa en el que debemos centrarnos ahora.

Esta operación de comparación o confrontación de los sistemas adquiere, en la ciencia jurídica moderna, un aspecto nuevo o, más exactamente, presenta un doble aspecto, un tanto antagónico. Para los comparatistas de 1900, deseosos de comparar solo cosas comparables, o para los comparatistas de 1925, deseosos de lograr una unificación o, al menos, una coordinación de las instituciones y de los sistemas, el derecho comparado era efectivamente la ciencia o el método que habrían de utilizar para cotejar. Desde la Segunda guerra mundial, los comparatistas, como hemos visto, se han vuelto más conscientes de ciertas oposiciones irreductibles entre los sistemas jurídicos existentes; pero no han renunciado, a pesar de ello, a establecer comparaciones ni a buscar una confrontación entre estos sistemas opuestos. La observación se aplica no solo a los derechos del Este en relación con los sistemas occidentales, sino también a una comparación establecida, por ejemplo, entre el sistema romanista y el sistema del common law. Porque, en la medida en que ya no buscamos unificar legislativamente los dos sistemas en cuestión, la comparación se vuelve más legítima y a la vez más fácil de realizar.

Sea como fuere, constatamos que esta comparación de los sistemas va a presentar de todos modos dos caras; estos sistemas tenderán a confrontarse, y lo primero que hay que examinar son los procedimientos de confrontación, o bien tenderán, por el contrario, a oponerse, y es la medida de las exigencias de esta oposición el aspecto que deberemos luego evaluar.

1. LA COMPARACIÓN DE LOS SISTEMAS EN DERECHO POSITIVO

Esta comparación, por oposición a la confrontación contrastada que encontraremos a continuación, se produce de dos maneras diferentes. A veces estamos en presencia de una comparación espontánea o necesaria, en el sentido primario de esta palabra, a veces, por el contrario, la comparación es concertada o provocada. Es necesario distinguir estos dos aspectos del fenómeno.

A) —La comparación que llamamos necesaria es la que se impone por la fuerza misma de las cosas. Observamos inmediatamente, a este respecto, que puede haber comparación de diferentes legislaciones en el interior de un mismo sistema o de un mismo país. Este es el caso bien conocido de los países federales y, a nivel comparativo, el federalismo plantea un problema de gran interés, que no podemos examinar aquí, pero cuya importancia señalamos al pasar. La Asociación internacional de ciencias jurídicas le dedicó su Coloquio de 1970, en Moscú. Se pone de manifiesto de este modo que el derecho comparado o el método comparativo son necesarios en el interior mismo de ciertos países, como la Alemania Federal, Suiza, México, la Unión Soviética o Yugoslavia, por ejemplo. Igualmente sucede en los Estados Unidos, donde el derecho federal es la excepción y donde cincuenta legislaciones de Estado coexisten de manera independiente, al punto que ha sido necesario establecer un sistema de conflictos de leyes en el interior de los Estados Unidos. Sin embargo, a excepción quizás de Luisiana, estas diferentes legislaciones de estado tienen un origen común, ya que casi todas derivan del common law inglés. Como resultado de ello, los métodos de formación, de exposición, de aplicación y de desarrollo del derecho son los mismos.

Sin embargo, no se debe concluir por eso que existe una especie de common law norteamericano, y así lo declara la Corte Suprema de los Estados Unidos en un famoso *case* de 1938 *(Erie Railroad C° v. Tompkins)*. La unidad fundamental del derecho de los Estados Unidos no debe buscarse, pues, en la constitución del common law propiamente americano, sino por el contrario en la estructura general y en lo que el decano Roscoe Pound había llamado el espíritu del common law en general.

Junto al caso particular de los Estados federales, es necesario también señalar los Estados unitarios donde, por razones variables, subsiste una diversidad de legislaciones aplicables. Este fue el caso, como hemos visto, entre las dos guerras especialmente, de los Estados nuevos o modificados de Europa Central y Oriental que aún no habían logrado su unidad legislativa después de haber realizado su unidad política. Este es también el tradicional caso de España, donde el *derecho común* del Código Civil de 1889 permite la vigencia de los derechos regionales *(derecho forai)*. Podría encontrarse también otro ejemplo en el derecho musulmán clásico, donde la *Chari'a* (derecho fundado en el Corán y en la tradición religiosa) se había subdividido en cuatro sistemas o cuatro escuelas *(Hanafite, Malekite, Chafeite, Hanbalite)*, donde se discutían y se confrontaban las soluciones de los otros, dando así lugar a una ciencia de la objeción o de la confrontación (estrictamente de la divergencia, *Ikhtilâf*), que constituía así una especie de derecho comparado especial, resultante del empleo espontáneo y necesario del método comparativo, en el interior de un mismo sistema de derecho.

Más importante que esta comparación de carácter interno es la comparación entre sistemas diferentes Siempre de forma espontánea o necesaria, se lleva a cabo entonces mediante dos procedimientos principales.

El primero es la expansión o la introducción impuesta por las circunstancias. Así fue como Napoleón hizo aplicar el Código civil francés de 1804 a numerosos territorios conquistados. Esto sucedió nuevamente en la época de la colonización, cuando los colonos se establecieron de hecho con sus administradores, sus leyes y sus jueces. Este fue especialmente el caso de Inglaterra, donde se definió un verdadero régimen de expansión legal a principios del siglo XVII. Al día siguiente de la expedición del *May Flower* y del establecimiento de los primeros colonos en la costa este de América, se consideró que habían llevado consigo, como ciudadanos británicos, el sistema del common law, así como las leyes (*statute book*) aplicables en esa fecha. La regla fue formulada por el famoso *Calvin's Case* de 1608 estableciendo la norma según la cual, en toda colonia adquirida por ocupación, se aplicaba de pleno derecho el common law, bajo reserva, no obstante, de las condiciones particulares de la colonia. Reserva importante, y que constituye de hecho el germen del futuro derecho americano, distinto del derecho inglés propiamente dicho.

El *Calvin's Case* planteaba también otra regla, un corolario de la primera. Si la colonia era adquirida, no por ocupación, sino por cesión, subsistía el antiguo derecho, al menos en cuanto concernía al derecho privado; el derecho público, el procedimiento y pronto también el derecho penal, por el contrario, adoptaron la norma inglesa. Este fue el caso de Canadá, en particular, después de su cesión a Inglaterra por parte de Francia en 1763 y es por esta razón que la provincia de Quebec se rige actualmente por un Código civil francés, promulgado además más de cien años después de la cesión a Inglaterra; curiosamente, pero en aplicación de la supervivencia del derecho anteriormente aplicado en el territorio cedido, este Código civil de 1866 se funda no en el Código Napoleón, sino en el derecho civil francés que existía antes de la conquista inglesa y tal como se encuentra expuesto en el siglo XVIII por Pothier. Otro caso análogo es el de Sudáfrica, cedida a Inglaterra por Holanda y donde siguió aplicándose el derecho llamado Romano-holandés *(roman-dutch Law)* introducido por colonos procedentes de los Países Bajos en el siglo XVIII. Luisiana, por su parte, cedida por Napoleón a los Estados Unidos en 1803, adoptó en 1808 un código civil a semejanza del Código francés, y sigue siendo un país de derecho codificado, en el sentido europeo y continental del término.

Mediante este procedimiento se establece así un encuentro espontáneo de sistemas que conduce a lo que a veces se ha llamado *derechos mixtos*, donde se combinan de manera aproximada el sistema romanista y el sistema del common law. Es aún el caso en particular de Ceilán y de Puerto Rico. Estos derechos mixtos merecerían un estudio especial, porque para cada uno de ellos habría que especificar de qué manera y en qué medida se mantienen fieles a su sistema original. Mencionemos solo al pasar que mientras Quebec, acepta instituciones específicamente inglesas como el trust, sigue siendo decididamente romanista en el derecho privado; Luisiana, como acabamos de ver, a pesar de haber adoptado una técnica legislativa continental (tiene un código civil, un código penal, un código de procedimiento), parece más conquistado por los principios, los métodos y el estilo del common law.

B. - Junto a estas comparaciones espontáneas o necesarias, que en definitiva son solo la consecuencia de ciertos acontecimientos de la historia política (anexión, colonización, cesión de territorio), observamos un fenómeno de comparación deliberada o provocada que se produce en dos hipótesis o por dos procedimientos principales, que a veces se confunden por otra parte, hasta cierto punto, por la práctica.

El primer procedimiento y el más sencillo es el del *préstamo legislativo.* Siempre ha existido ya que, desde el principio, hemos recordado los probables préstamos de la Ley de las XII Tablas de ciertas instituciones griegas. Pero desde el siglo XIX, es decir desde la época de la legislación propiamente dicha, estas imitaciones legislativas han ido adquiriendo una importancia y una frecuencia crecientes. Así, el derecho francés tomó prestado del derecho inglés [y, por consiguiente, se trata aquí de una imitación entre sistemas estructuralmente diferentes] el juez de paz, el jurado, la deportación de los condenados por penas criminales, la probation, el cheque y numerosas reglas del derecho de las sociedades o del derecho marítimo. En el siglo XX, Suecia aportó a otras legislaciones con su reforma de los regímenes matrimoniales de 1920, imitada por Francia, por ciertos países de Europa continental y por ciertos países de América Latina, en particular por Uruguay. El sistema sueco de "días-multas" fue adoptado directamente por el Código Penal Brasileño de 1970. Finalmente, es por todos conocido que la institución del *ombuds-man* ha sido imitada por varios países, y en particular, recientemente, por Inglaterra.

Estos préstamos legislativos han despertado tanto la curiosidad como la preocupación de los juristas. La escuela histórica y la escuela sociológica han discutido su legitimidad en la medida en ambas parten del principio de que el derecho debe surgir, de alguna manera, de las profundidades histórico-sociales de cada nación. Los dogmáticos, por su parte, opusieron a la práctica de la imitación legislativa la pureza del sistema examinado en su cohesión normativa. Cabe remarcar también que la imitación legislativa tiene formas diversas, y se las ha distinguido o incluso se las ha opuesto de la siguiente manera: — el préstamo puro y simple, en cierto modo utilitario, como el del cheque angloamericano por los países romanistas; — el préstamo técnico, como el juez de aplicación de las penas, creado en Italia en 1930 y posteriormente imitado en numerosos países europeos y latinoamericanos; — el préstamo de la política legislativa, como el de los bienes reservados a la mujer casada o la institución de los tribunales de menores; — el préstamo por adaptación institucional, como la prórroga continental, sucedánea de la *probation System*, o como las medidas de seguridad, retomadas bajo formas técnicas diferentes según el país del cual se trata: — el préstamo por contagio legislativo, como el nuevo régimen, a fines del siglo XIX, de los accidentes de trabajo, de la capacidad de la mujer casada y, más recientemente, de la igualdad de filiación legítima y natural. Observamos, a título de ejemplo, que esta última tendencia legislativa se encuentra tanto en la *Family Law Reform Act* inglesa de 1969, como en la ley alemana de 19 de agosto del mismo año, en el Código Civil Neerlandés que entró en vigencia el 1 de enero de 1970 y en un anteproyecto francés redactado en 1971. Este particular contagio legislativo ha sido facilitado además por una Comisión especial de la ONU que, constituida por la Comisión de Derechos Humanos, consideraba que la situación desfavorable del hijo natural podía aparecer como discriminatoria respecto de una parte de la población. Esto demuestra una vez más las implicaciones políticas y el alcance internacional de ciertos problemas que a primera vista parecían simplemente derecho civil.

Más importante, sin embargo, que el préstamo legislativo es el fenómeno de la *recepción de los derechos*, que actualmente constituye la expresión más completa de comparación voluntaria o deliberada. Ciertamente, como hemos tenido ya la ocasión de señalar, han existido en el curso de la historia, casos notables de recepción llevada a cabo de forma progresiva y, en gran medida, espontánea. Tal fue el caso, como hemos visto, de la recepción del derecho romano en

Europa continental durante el Renacimiento. Esta recepción, aunque fue general, no tuvo en todas partes el mismo significado comparativo. Francia y los Países Bajos, por ejemplo, encontraron sobre todo en el renacimiento del derecho romano una "razón escrita" que les permitía dominar y ordenar la diversidad de las costumbres. El derecho romano aparece entonces como una especie de denominador común jurídico y, en el siglo XVII, tanto Grotius como Domat lo sugieren como expresión del derecho natural, es decir, como guía y al mismo tiempo como ideal a alcanzar. En el Sacro Imperio, por el contrario, fue recibido como derecho aplicable, y la importancia de la recepción del derecho romano en Alemania se ha enfatizado a menudo y con justicia. Además, fue esta recepción generalizada, aunque diversa, la que ha fundado finalmente el sistema romano y dio forma al derecho común europeo uniforme *(gemeines Recht)* del siglo XVIII.

Desde la segunda mitad del siglo XIX, y especialmente en el siglo XX, la recepción de los derechos ha adquirido un carácter completamente diferente. Desde entonces es deliberadamente deseado o aceptado por países que son fundamentalmente ajenos al sistema que aceptan y del que están geográficamente distantes. Este fue el caso, como hemos visto, de Oriente Medio cuando, a partir de 1850, los países musulmanes se occidentalizaron desde el punto de vista legislativo para escapar del sistema de las capitulaciones. Fue también el caso del Lejano Oriente, especialmente Japón a partir de la era *Meiji* (1868) cuando se abrió a Occidente, por lo cual condujo a adoptar códigos inspirados sucesivamente en el derecho francés, el derecho alemán y el derecho italiano. De igual manera, pero más recientemente, después de haber recibido una parte importante de los derechos de la potencia colonizadora, los países africanos buscaron, después de la descolonización, tomar prestado de esta misma potencia colonizadora, pero esta vez de forma voluntaria y deliberada, instituciones, capítulos enteros de su *corpus juris* y, a veces, incluso códigos completos. En todo caso, el ejemplo más notable, al que siempre debemos volver, es el de la recepción del Código Civil Suizo en Turquía. Ya hemos recordado que, cuando Atatürk decidió la modernización y la laicización del Estado y de su legislación, la adopción en 1926 del Código Civil Suizo y, en menor grado, del Código Penal Italiano (el de 1889) constituyeron hechos considerables. En efecto, no se trataba entonces de un préstamo legislativo propiamente dicho, sino de la introducción de un sistema extranjero con sus reglas, su método y su espíritu.

Sin embargo, esta recepción global plantea dificultades de aplicación. En primer lugar, la jurisprudencia de los dos países se desarrolla de forma independiente y de ahí pueden surgir divergencias significativas sobre la aplicación de un mismo texto. Además, por tratarse de países independientes, la legislación posterior modifica unilateralmente el texto que en principio era común. A veces se ha intentado mantener el contacto entre las dos legislaciones, e importantes coloquios turco-suizos han demostrado en particular que, si bien el contacto legislativo es relativamente fácil de mantener para nuevas cuestiones que respondan a las mismas necesidades en los dos países examinados (por ejemplo, la propiedad de las casas divididas por pisos), este contacto es mucho más difícil para las instituciones o los problemas antiguos, como las fundaciones, el régimen de fondo de comercio, la institución de la prenda mobiliaria sin desposesión. Mantener la concordancia de las legislaciones, en todo caso, resulta difícil.

La dificultad esencial en cuanto a la recepción de derechos - tema que hemos ya mencionado, pero sobre el que debemos volver - es que en realidad esta recepción no impide la supervivencia de las costumbres antiguas, especialmente en el medio rural. La reforma de 1926 introdujo así el matrimonio civil y monógamo en Turquía; pero, en las aldeas, muchos musulmanes continuaron casándose de manera puramente religiosa (frente al imán) y tomando varias esposas. Por eso fue necesario promulgar leyes cada diez o incluso cada cinco años a fin de legitimar tanto estas uniones como los hijos resultantes de ellas. El establecimiento, en un país lejano, de un código civil evolucionado como el Código Civil Suizo de 1907 presupone además una infraestructura administrativa, aunque solo sea para la organización y el mantenimiento regular de los registros del estado civil, y un sistema judicial que pueda asegurar su cumplimiento; y estas condiciones no son fáciles de garantizar inmediatamente.

Estas últimas dificultades, que se observan aún más claramente en ciertos países del África negra o en Etiopía, por ejemplo, dan como resultado un fenómeno sociológico cuyo alcance jurídico no debe escapar a los comparatistas. En estos países nuevos o renovados, y especialmente en África, hay una especie de divorcio entre la ley y las costumbres, entre el derecho legal, por así decirlo, y el derecho real, entre el *Volksrecht* y el *Juristenrecht*, entre *the law in the books* y *the law in action*. Llegamos así a lo que se ha llamado a veces una verdadera sociedad dualista, que comprende dos culturas diferentes, una arcaica y la otra evolucionada, que se aplican simultáneamente en el tiempo, pero por separado, a clases diferentes de la población.

De esta forma se distingue, una vez más, la compleja noción de sistema jurídico, cuyo aspecto sociológico se evidencia, reiteradamente, con claridad. Debe hacerse un estudio no solo de la técnica de la recepción sino de la transformación del sistema recibido y el nuevo sistema que resulta de ella en los países de recepción, en su doble expresión comparativa. La comparación de las legislaciones por recepción o absorción de un derecho conduce así, en cierta medida, a la heterogeneidad de un sistema en principio homogéneo y que, a través de esta mutación, se convierte en un nuevo campo de estudio para la investigación comparativa. En última instancia, esta propagación heterogénea proviene sin embargo del encuentro y de la confrontación de dos medios jurídicos y sociales no solo diferentes, sino opuestos. Abordamos aquí ya no la comparación, sino la confrontación contrastada de los sistemas, a la que ahora debemos adherir.

2. Confrontación u oposición de los sistemas

Ya hemos recordado varias veces cómo, en sus tres grandes fases sucesivas del siglo XX, la ciencia comparativa había pasado de la comparación técnica de las "cosas comparables" (1900) a la comparación unificadora entre diferentes sistemas (1925) y luego, después de 1945, a una comparación basada más en la oposición que en la comparación posible de los sistemas, a la que los comparatistas soviéticos han dado a menudo el nombre de "comparación contrastada".

Esta observación nos permite constatar en primer lugar una evolución notable de la noción de comparabilidad. A principios de siglo se interpretaban normalmente como cosas comparables a las técnicas de un mismo sistema. La comparabilidad de 1925 se extrae de la constatación de la posibilidad de llegar a soluciones prácticas idénticas entre sistemas con estructuras diferentes, y de la búsqueda común de los medios para satisfacer necesidades igualmente comunes, en el primer orden de las cuales figuran las necesidades del comercio internacional. En 1950, la comparación se sitúa fuera del ámbito de las aspiraciones comunes, debido a la necesidad de conocer los diferentes sistemas, en razón de sus divergencias. Recordemos una vez más, que la Guerra Fría incita a estar bien informado sobre las posiciones del adversario, mientras que la convivencia pacífica impone relaciones jurídicas con el sistema opuesto.

Al mismo tiempo y correlativamente, el estudio de sistemas con estructuras económico-políticas y sociales diferentes, muestra que las diferencias son más importantes que las similitudes. Para emplear la fórmula que los psicólogos han utilizado a propósito del yo, se podría decir que todo sistema jurídico se plantea al oponerse. Por lo demás, no se trata pues de una simple y desinteresada curiosidad intelectual; porque la realidad sociológica que se opone así a nuestra realidad cotidiana se convierte en fuente de reflexión y de enriquecimiento.

Sobre todo porque, observándolo de cerca, todo estudio comparativo se plantea en definitiva en términos de contraste. El jurista de un país, formado en y por su derecho nacional, nunca lo compara con un derecho extranjero si no es esforzándose por captar los contrastes que le permiten advertir la originalidad y la sustancia propia de aquel derecho extranjero. Llevando más lejos aún esta consideración, podemos coincidir especialmente con René David que, en el campo del derecho extranjero, la comparación se impone y es más provechosa cuando se aplica a un sistema radicalmente diferente que a uno estrictamente comparable.

Al respecto, es necesario volver una vez más a la posición respectiva de los países del Este y del Oeste y a la de los juristas de estos diferentes sistemas. Casi se podría afirmar que, de 1930 a 1970, la posición de estos juristas se invirtió. Antes de 1950, ambos lados sentían cierta renuencia a confrontar sus respectivos sistemas. Hoy - como ha quedado demostrado por la confrontación entre juristas socialistas y juristas occidentales durante la Semana Internacional del Derecho Comparado en París en 1969 - se puede afirmar tanto la posibilidad como la necesidad de comparar o de confrontar estos sistemas con estructuras socio-políticas diferentes. Ahora bien, esta comparación Este-Oeste solo es posible, recordémoslo, cuando se superan ciertas actitudes y antiguos prejuicios. Antes de la última guerra, e incluso algún tiempo después de 1945, los juristas socialistas se negaron a comparar sus sistemas con los sistemas occidentales. Además de su recelo ya mencionado, contra el comparatismo en sí mismo considerado como un instrumento de dudoso cosmopolitismo, de propaganda capitalista o de imperialismo colonialista, argumentaron en primer lugar que el derecho comparado tiende normalmente a la unificación o al menos a la comparación de las legislaciones, y que los derechos socialistas no tenían nada que esperar ni aprender en ningún aspecto de los derechos "burgueses". También sostuvieron que la construcción del socialismo, del cual el derecho socialista, como hemos visto, es uno de los instrumentos esenciales, solo puede lograrse en un medio exclusivamente socialista. Por una vía muy diferente, reincorporaron aquí al antiguo chauvinismo de los primeros adversarios del comparatismo, argumentando que su propio sistema no debía ser corrompido por concepciones extranjeras erróneas, en el presente caso por concepciones ajenas al materialismo dialéctico. Los partidarios del derecho occidental, por su parte, no estaban más abiertos a la comparación con los países del Este. Durante mucho tiempo intentaron negar no solo el valor, sino incluso la realidad del derecho socialista. Discutieron su originalidad e incluso su existencia, procurando ver en el desarrollo del derecho de los países del Este solo la destrucción de ciertos valores, o incluso de los valores esenciales, de la civilización occidental. Si esto fuera así, ¿por qué estudiar este derecho, del cual se sostenía en última instancia, que no era sino una apariencia?

Esta dualidad es hoy una actitud obsoleta. Es así en primer lugar porque se han establecido relaciones más normales, y en particular relaciones comerciales con los países del Este. Lo sigue siendo por la desaparición del clima dominante durante el estalinismo y la guerra fría. Pero también, y sobre todo, quizás se deba a la evolución del comparatismo jurídico. En efecto, en la medida en que el derecho comparado ya no tiene como único o principal objeto la construcción de un derecho mundial común, en la medida también en que la comparabilidad se extiende ahora a sistemas con estructuras económicas, sociales y políticas diferentes, los juristas del Este y de Occidente tienen todo a su favor al conocerse y cooperar. Recordemos una vez más la promulgación, en Checoslovaquia, de un Código de Comercio Internacional y la propuesta de los países de Europa del Este de crear en las Naciones Unidas una Comisión Internacional Especial en esta materia, el comercio internacional, cuyo rol en la comparación de derechos es considerable. Recordemos finalmente en el plano científico, los encuentros Este-Oeste organizados por la Asociación Internacional de Ciencias Jurídicas; el rol que jugaron las Jornadas Jurídicas de la Sociedad de Legislación Comparada de París con los países de Europa del Este (Yugoslavia, Polonia, Hungría, Rumania, Checoslovaquia, Unión Soviética), y señalemos la importancia del Congreso de Derecho Comparado organizado por la Academia de Ciencias de Hungría en Budapest en 1969. Esta «confrontación contrastada» pero fiel y completa de los sistemas así examinados, nos parece que trae consigo tres consecuencias sobre las que queremos insistir a modo de conclusión.

En primer lugar, constituye un estudio genuino de derecho comparado, depurado, por así decirlo. Esta investigación ya no apunta, en efecto, solo a la comparación en sí misma y por sí misma, sin preocupación utilitaria por la mejora del derecho existente, por una unificación más o menos avanzada, o incluso, por la constitución de una base jurídica común entre los sistemas estudiados.

En segundo lugar, esta confrontación plantea o hace aparecer bajo una nueva luz la cuestión del equilibrio y la posición respectiva de los sistemas. Esta cuestión, en efecto, se convierte en la de saber si realmente existe un dualismo de oposición entre el derecho occidental y el derecho socialista. La idea de un «derecho occidental» que agrupe en resumen el sistema romano-germánico y el sistema angloamericano se ha planteado a menudo en los últimos años. Este sistema occidental se caracterizaría, se dice, por estar basado en una sociedad liberal, individualista, de tradición cristiana, con la misma concepción del derecho y de la regla de derecho, y un mismo deseo de estabilidad jurídica para asegurar la conservación de ciertos valores fundamentales. A la inversa, el derecho socialista aparece como esencialmente móvil, procurando además ser transitorio, en virtud de la famosa doctrina de la extinción del derecho, como dominado por las condiciones económicas y como expresión del estado actual de la planificación estatal de las democracias populares.

Cabe señalar, además, que esta unidad del derecho occidental, que a menudo se lo presenta como una idea nueva, tiene raíces bastante antiguas. De este modo, a principios del siglo XIX, Estados Unidos, separado de Inglaterra con la ayuda de Francia y muy cercano, en muchos aspectos, a las ideas de la Revolución Francesa, había considerado rechazar el common law inglés para sustituirlo por un derecho que imitara aproximadamente el derecho francés. Esta fue la tendencia desarrollada en el momento de la independencia por Thomas Jefferson y sus seguidores, quienes de ese modo intentaron ajustarse a los principios de la Declaración de Derechos. Este esfuerzo fracasó, principalmente por la acción de dos grandes juristas fundadores, se podría decir, del derecho estadounidense como tal, Story y Kent. Ahora bien, es curioso destacar que uno de los argumentos esenciales de Story y de Kent para justificar el mantenimiento del sistema del common law, consistía en sostener que este sistema, al igual que el derecho francés de la Revolución de 1789, se basaba en realidad en la defensa de los derechos del hombre y los principios del derecho natural. Para comenzar, ¿qué mejor afirmación de la unidad, al menos ideológica, del derecho occidental?

Sin embargo, desde el punto de vista legislativo y de procedimiento, existen, como ya hemos dicho, numerosas afinidades entre el derecho socialista y el sistema romanista que, como tales, hacen que el derecho socialista y el derecho romanista se opongan, en buena medida, al derecho sistema del common law. Un jurista socialista como Andrejew ha podido señalar por su parte, en el Congreso de Derecho Comparado de Uppsala en 1966, que cuando se estudia la protección penal de la familia, por ejemplo, se observan oposiciones entre las sociedades con una civilización desarrollada en aspectos técnicos y las sociedades menos evolucionadas, como ciertas sociedades, en particular, del África negra. En este sentido, existe una especie de estructura común de la familia europea, válida para los países del Este y del Oeste, ya sean países de capitalismo avanzado o democracias populares evolucionadas. No pretendemos decir con esto, y Andrejew mucho menos aún, que no exista la oposición entre el derecho socialista y el derecho occidental. Solo queremos decir que debemos tomar conciencia de los alcances exactos y de los límites de esta oposición.

Finalmente podemos preguntarnos, lo que constituye nuestra tercera observación, si en la perspectiva de las legislaciones, los sistemas o las familias de derecho, cualquiera sea la expresión que demos a este fenómeno jurídico, no sería adecuado reconocer la existencia, o al menos la noción de ciertos *tipos de derecho*. Gabriel Tarde, durante el Congreso de 1900, había ya vislumbrado e incluso propuesto una "tipología de las legislaciones". En esta concepción, tal como la podemos formular hoy tras la confrontación Este-Oeste o la comparación

Norte-Sur de la que ya hemos hablado, ya no se trata, en un determinado tipo de derecho, de afinidades debidas a un origen, un desarrollo, una metodología jurídica más o menos común. El *tipo*, en este sentido, supera e incluso a veces puede contradecir el *sistema*. Existiría así al menos un tipo liberal, un tipo socialista y otro tipo que podría ser mañana el tipo afroasiático, donde se combinaría el apego a las costumbres extra jurídicas con un nuevo régimen de derecho intermediario entre el liberalismo de Occidente y la estructura socialista del Este.

De todos modos, como ya señaló Wigmore en 1928, los sistemas deben ser estudiados en sí mismos y como un todo en su constitución y su evolución externa, independientemente de sus instituciones específicas internas. Wigmore llamó a esta ciencia *ciencia nomogenética*. Aquí solo podemos recordarlo al pasar, pero con el objeto de subrayar que este punto de vista revela toda la riqueza de la comparación de los sistemas, incluso estructuralmente diferentes, como realidad socio-política y también como elementos de la sociedad humana.

VI

DERECHO COMPARADO Y UNIFICACIÓN DE LOS DERECHOS

La unificación de los derechos es uno de los problemas mayores del derecho comparado. Es significativo a este respecto que, en su libro que a menudo hemos citado, Gutteridge, que sin embargo fue su oponente, le dedique tres capítulos consecutivos. Algunos comparatistas incluso han llegado tan lejos como para hacer de la unificación el objetivo final de la investigación comparativa, en una cierta época al menos. Sin embargo, al igual que el propio derecho comparado, no fue sino hasta principios del siglo XX que esta preocupación quedó claramente afirmada y que el movimiento por la unificación del derecho se desarrolló plenamente. Entonces aparecieron lo que se podría llamar las primeras formas y las primeras concepciones de unificación. Tras la Segunda Guerra Mundial, y tras la crisis del comparatismo de la que hemos hablado varias veces, el movimiento de unificación asumió nuevos aspectos que, en cierta medida, se oponen a las concepciones de la época anterior. Obviamente debemos ocuparnos de esta doble evolución; su examen nos permitirá identificar luego, muy rápidamente, la situación actual y las perspectivas futuras en términos de unificación.

I. Las primeras nociones y las primeras formas de la unificación

Queríamos buscar, como siempre, precedentes lejanos al movimiento moderno de unificación. El desarrollo en Roma del *jus gentium* sería así un esfuerzo por constituir un derecho uniforme aplicable a las relaciones entre Romanos y extranjeros o provinciales. El movimiento en favor del derecho natural de los siglos XVI al XVIII tuvo también, como hemos tenido oportunidad de señalar, una vocación universalista, y el *Theatrum legale*, ese gran cuadro evolutivo de todas las legislaciones del mundo estudiado por Leibniz en 1667, tuvo tal vez, en el mismo clima, segundas intenciones unificadoras. De manera más concreta y precisa, Jacques I de Inglaterra, cuando en los primeros años del siglo XVII sucedió a Elisabeth, quiso, tras el Acta de Unión con Escocia, unificar el derecho inglés y el derecho escocés, que no se deriva del common law e incluye aportes romanos.

Sin embargo, esta unificación no se llevó a cabo ya que, se dice, el soberano fue disuadido por Bacon.

No fue hasta la segunda mitad del siglo XIX cuando se realizaron los primeros intentos de unificación. Se deben, en primer lugar, a razones prácticas y al desarrollo del comercio y de las relaciones internacionales. Leone Levi aparece aquí como un precursor al emprender, ya en 1850, la comparación del derecho comercial de Gran Bretaña con el derecho romano y los códigos o las leyes de otros cincuenta países y al establecer por primera vez, muy claramente, un vínculo entre el estudio comparativo y la unificación de derechos.

En 1865, un primer congreso, que reunió a especialistas en derecho comercial, estudia en Sheffield las posibilidades de unificar ciertas partes del derecho marítimo. En 1877, la International Law Association lleva a cabo una primera unificación célebre en materia de derecho marítimo, mediante las reglas de York y de Anvers sobre los daños comunes. Esta unificación puramente privada pronto fue seguida por convenciones de unificación oficiales: en Berna, para los derechos de autor (1886) y para el transporte terrestre de mercancías (1890); en Bruselas, unificación nuevamente en materia de derecho marítimo, concerniente al abordaje (1910). No es necesario volver aquí a las convenciones de La Haya anteriores a la primera guerra, destinadas a unificar el campo de los conflictos de leyes. El movimiento se reanudó luego y condujo particularmente a las Convenciones de Ginebra de 1930 y 1931 sobre el pagaré, la letra de cambio y el cheque y a las dos Convenciones de La Haya de 1964, que uniforman la ley sobre la venta internacional de objetos de mobiliario y sobre la formación de este contrato de venta.

Como podemos ver, el movimiento de unificación toma pues una gran envergadura y presenta una continuidad importante. Corresponde ahora precisar a su vez qué factores actúan en esta materia y cuáles son las primeras modalidades de estas experiencias de unificación.

A) — Los *factores* de la unificación son, en primer lugar, por un lado, el deseo de mayor seguridad en materia de comercio internacional, y, por otro lado, el deseo no menos fuerte de escapar a la complejidad y a la incertidumbre de los conflictos de leyes, que la ley uniforme tiene por objeto precisamente suprimir. Podemos agregar, en la época que acabamos de considerar, la confianza de los juristas en la acción de los gobiernos y en el poder del legislador; los gobiernos, se cree, cooperarán cada vez más en asuntos internacionales y el legislador, por su parte, es todopoderoso. Por lo tanto, es necesario establecer una legislación internacional o, más exactamente, una legislación interestatal. La soberanía de los Estados no se verá afectada, ya que cada uno de los países signatarios deberá expresar su acuerdo.

Después de la Primera Guerra Mundial, vemos actuar en el mismo sentido las esperanzas puestas entonces en los grandes organismos internacionales. Ya hemos recordado la creación en Roma, en 1926, por parte de la Sociedad de las Naciones, del Instituto Internacional para la Unificación del Derecho Privado, cuya acción —sobre la cual volveremos— ha sido fecunda. Recordemos también, una vez más, la creación de la Oficina Internacional del Trabajo. Si bien después de 1945 las Naciones Unidas se muestran en ciertos aspectos más tímidas en términos de unificación que la Sociedad de las Naciones, los organismos internacionales, que pueden servir para esta unificación, son, no obstante, más numerosos y más eficaces a la vez.

Finalmente, es necesario recordar la aparición y el desarrollo, en los últimos cincuenta años, de ramas del derecho de carácter específicamente internacional, que naturalmente tienden a la uniformidad. Esto es así no solo - como lo fue a fines del siglo XIX en materia de derecho comercial o marítimo y con el objeto de promover la aplicación práctica de este derecho - sino en otras ramas que constituyen materias esencialmente universales, desbordando el marco nacional; así como el derecho social, el derecho laboral, el derecho aeronáutico y, más tarde, el derecho espacial y el derecho nuclear. Para darse cuenta claramente de esta evolución, basta considerar por un momento la materia de máxima actualidad de la lucha contra las contaminaciones. La contaminación del aire o del agua plantea problemas de carácter internacional que requieren tanto la cooperación de los Estados como la de los juristas, estudiosos y técnicos, e involucran a todas las ramas del derecho: derecho público y derecho privado, derecho administrativo y derecho comercial, derecho social, derecho económico y derecho internacional público (en particular aquí, en lo que respecta al régimen de los mares y de los ríos internacionales). El estudio, y más aún la solución, de tal problema apelan normalmente al universalismo.

Por lo tanto, es comprensible que durante casi un siglo se haya planteado la preocupación por crear leyes uniformes en ciertas materias. Sin embargo, el movimiento tropieza con ciertas resistencias y ciertas dificultades. Las resistencias vienen en primer lugar de los propios Estados que, a pesar de todo, siguen guardando celosamente su soberanía. Al mismo tiempo, existe una xenofobia frecuente y más o menos difusa en la opinión pública, a la cual se agrega una desconfianza casi natural por parte de los juristas hacia las normas de origen extranjero o de alcance internacional. Hemos observado a menudo el reflejo de retroceder de los Common Lawyers ante cualquier intento importante de unificación y alzar la protesta, menos quizás contra la adopción de ciertas reglas positivas que contra el empleo de ciertos métodos de origen romanista o contra la afirmación previa de principios generales. Es significativo que los países del common law hayan permanecido fuera de las Convenciones de Ginebra de 1930 sobre efectos de comercio. Se puede destacar también la actitud, esta vez algo contradictoria, de los países del África negra. Se muestran muy deseosos de lograr cierta unificación entre ellos y de conducir a la creación de un "derecho africano"; y cada uno de ellos, sin embargo, como ha señalado un estudioso, comienza por "encerrarse en su taller jurídico".

Estas desconfianzas se ven reforzadas por las dificultades de aplicación que plantea toda ley uniforme. Recordemos la variación ya mencionada entre el Código Civil Suizo en la Confederación Helvética y el mismo Código trasplantado a Turquía. Jueces y juristas nacionales tienden a limitar las reglas internacionales a sus técnicas y a sus legislaciones internas: de allí las divergencias en la interpretación de un mismo texto unificado dentro de los países signatarios. De este modo, la ley uniforme, ya comprometida en un principio por las reservas que se autorizan por parte de los Estados adherentes, lo está aún más por la diversidad jurisprudencial de su aplicación. El remedio aquí sería sin duda llegar a una interpretación internacional imperativa; pero entonces el problema es saber quién podría darla. La creación de una Corte de Casación internacional, o al menos interestatal, no es por el momento, más que una especulación de la mente. Lo infrecuente, al parecer, es una cooperación organizada entre los juristas y una mentalidad universalista de las profesiones jurídicas y de los representantes de la doctrina. La ley uniforme requiere en realidad una formación comparativa, tanto para su redacción, que siempre representa una transacción entre las legislaciones divergentes, como para su explicación y para su aplicación. De este modo se nos condujo lógicamente a examinar las modalidades de unificación.

B)—Estas *modalidades* son tanto más diversas cuanto que es sin duda inexacto, o por lo menos aventurado, hablar, - como se lo hace con frecuencia - de la unificación en general y considerarla como un todo. Recordemos lo que ya hemos dicho sobre la comparación de las leyes y de los sistemas. En materia de unificación, es necesario distinguir también entre la unificación nacional y la unificación internacional, y establecer luego, en el interior de esta última, subdistinciones importantes.

La unificación nacional, a pesar de las primeras apariencias, no debe permanecer ajena a la investigación comparativa, porque se basa en la confrontación y en la elección entre varios regímenes legales, incluso en el interior de un mismo país. Tal fue el caso, como sabemos, del Código Napoleón, que realiza en 1804 lo que Bourjon había llamado, ya en 1747, "el derecho común de Francia", el caso precisamente de BGB, que realiza la unificación del derecho alemán y el caso del Código Civil Suizo de 1907 o, en su propio dominio, del Código de las Obligaciones.

Esta unificación nacional presenta, no lo olvidemos, una particular agudeza en los países nuevos o en los países reorganizados, como fue el caso de Europa después de la primera guerra mundial, en Polonia o en Rumanía, por ejemplo, donde se prosiguió la unificación sobre la base de la comparación de los diferentes derechos aplicados en el territorio nacional. Por supuesto, este problema de la unificación nacional surge especialmente en los países federales donde, como en los Estados Unidos, se aplican legislaciones específicas en los distintos Estados. En 1912, la *National Conference of Commissioners on Uniform State Law,* con un título significativo, siguiendo las reuniones organizadas por la American Bar Association desde 1892, se comprometió a hacer recomendaciones a los diferentes Estados en favor de leyes uniformes o de leyes modelo. Después de la Segunda Guerra Mundial, el *American Law Institute,* que es, además, una organización privada, se comprometió a facilitar la uniformización mediante dos procedimientos esenciales. En primer lugar, el *Restatement* o presentación sistemática de determinadas materias según la confrontación metódica de las soluciones adoptadas en los distintos Estados. Desde el *Restatement* de los contratos, publicado en 1932, la experiencia ha sido continua, particularmente en lo que se refiere a la representación *(Agency),* los conflictos de leyes, los delitos civiles *(Torts),* la propiedad, el Trust. El *American Law Institute* ha preparado, en segundo lugar, leyes modelos propuestas a los diferentes Estados, con miras a su eventual adopción por parte de la legislatura de cada uno de estos Estados. Es así como, el *Uniform Commercial Code* de 1952 ha sido adoptado desde entonces en treinta Estados de los Estados Unidos. Un Código Penal Modelo y un Código Procesal Penal, elaborados siguiendo la misma técnica, se encuentran actualmente en sus etapas finales de desarrollo. En estas diversas expresiones, esta unificación nacional presupone, por lo tanto, un intenso trabajo comparativo y, en este sentido, Sauser-Hall ha subrayado apropiadamente la importancia de lo que llamaba "derecho comparado interno".

La unificación internacional sigue siendo, a pesar de todo, lo más importante. Tiene lugar entre países diferentes e independientes y, al igual que la comparación de los derechos, puede ser espontánea o accidental o, por el contrario, voluntaria y deliberada.

La unificación espontánea es impuesta por las necesidades de la práctica y por la acción de los especialistas. Así ha sido desde la Edad Media con respecto a la *lex mercatoria* continental a la cual correspondía la *law merchant* en Inglaterra. A partir de entonces, el derecho comercial aspiraba a una expresión universalista. Las mismas necesidades y las mismas circunstancias continuaron produciendo posteriormente los mismos efectos. Es por ello que, luego de la era de la codificación en el siglo XIX, que condujo a encerrar en una reglamentación nacional el derecho de los comerciantes, un derecho de asuntos de carácter internacional tendió con toda naturalidad a reconstituirse. Un especialista, Lepaulle, pudo decir "que había allí una realidad concreta, uniforme en sus contornos, sus estándares, su vocabulario" para un mundo que no satisface "el juego imperfecto de las reglas de conflicto de leyes y que intenta cada vez más conscientemente iniciar el desarrollo de su propio sistema de derecho". Recordemos lo que afirmaron Rabel y Lambert a propósito de este desarrollo y cómo se podía ver allí una expresión del corporativismo moderno. La práctica de los contratos - tipos uniformes y el recurso a un arbitraje privado internacional han facilitado en gran medida el desarrollo de este derecho común consuetudinario uniforme de la práctica comercial internacional.

La unificación propiamente dicha sigue siendo, sin embargo, la unificación deliberada que se realiza mediante tres procedimientos principales: en primer lugar, en la forma, que se ha vuelto en cierto modo clásica, de la *convención que dispone la uniformización de la ley*. Esta convención obliga a todos los Estados signatarios a modificar su legislación nacional para adoptar las reglas conforme a la ley uniforme. La unificación puede lograrse, en segundo lugar, mediante *la elaboración conjunta de reglas legales* que luego se incorporarán en el derecho nacional de los países representados en esta elaboración conjunta, pero sin que estos países estén sujetos a una obligación a priori, y dejando en manos de cada Estado la misión de evaluar cuándo, en qué medida y de qué forma procederá a esta incorporación de las reglas comunes a su derecho particular. Finalmente, el tercer procedimiento que está relacionado, es el de la *ley tipo* o de la ley modelo elaborada por un organismo, oficial o privado, y propuesta como ejemplo a los legisladores de los diferentes países en cuestión. Como acabamos de ver con respecto a los Estados Unidos, estos legisladores pueden entonces adoptar la ley propuesta en su totalidad o en parte y someterla eventualmente a las modificaciones que consideren útiles.

Tales son las formas que pueden llamarse formas tradicionales de la unificación. En cuanto a su alcance, esta unificación puede ser *bilateral*, es decir, considerada entre dos Estados, como había sido por ejemplo el proyecto franco-italiano de las obligaciones de 1929, o más frecuentemente, *multilateral*, comprometiendo entonces a todos los Estados signatarios y, en consecuencia, establecida sobre la base de una reglamentación internacional uniforme: tal es el caso de la Convención de Varsovia sobre el transporte aéreo, o de las leyes uniformes de Ginebra sobre los efectos de comercio y el cheque.

Siempre desde el punto de vista del alcance de la unificación, se debe hacer una distinción entre la unificación *regional* y la unificación *universal*. La primera tiene lugar entre países vecinos o reunidos en una agrupación político-económica limitada: tendremos oportunidad de volver sobre esto. La segunda involucra, por el contrario, países diversos y tiene la característica de estar abierta a Estados que forman parte de diferentes sistemas. La Unión Escandinava es un ejemplo típico de unificación regional, mientras que las convenciones de La Haya, por el contrario, son un ejemplo de convenciones de alcance universal.

En cuanto a su contenido, la unificación puede, según una distinción habitual, ser "total" o "parcial", pero estos mismos términos pueden entenderse de dos maneras diferentes. La verdadera unificación total, general y completa, sería aquella que produjese la uniformidad legislativa de todos los sistemas sobre todos los puntos. Ese bello sueño de los partidarios, en 1925, del "derecho mundial" es evidentemente irrealizable. Más concretamente y con mayor cautela, hoy entendemos pues por *unificación total* la que logra la uniformidad de los sistemas adherentes tanto en las relaciones internas como en las relaciones internacionales; esta unificación capta así la materia uniformizada en todas sus manifestaciones jurídicas: tal es el caso especialmente de las Convenciones de Ginebra de 1930 sobre los efectos de comercio. *La unificación parcial,* por el contrario, es aquella en la cual las reglas uniformes se aplican solo en las relaciones internacionales; el régimen interno de cada Estado signatario no se ve entonces afectado por los convenios de unificación que, por lo tanto, solo intervienen en el campo especial de las relaciones internacionales. Es el caso del Convención de Varsovia de 1929 sobre transporte aéreo o el Convención de La Haya de 1964 sobre la venta de bienes muebles.

Podemos observar de este modo que la doctrina y la práctica elaboraron múltiples distinciones a medida que se desarrollaba el movimiento de unificación en la primera mitad del siglo XX. Este movimiento, sin embargo, ha adquirido desde entones nuevos aspectos por los que ahora debemos preocuparnos más particularmente.

2. Los aspectos nuevos de la unificación

Estos nuevos aspectos se manifiestan a la vez tanto en las condiciones como en las técnicas para lograr la unificación. Examinemos pues sucesivamente estos dos órdenes de cuestiones.

A) — Las *condiciones* generales de la unificación tienden hoy a modificarse, pero estas condiciones se encuentran igualmente modificadas, y tal vez más por el desarrollo de las uniones de carácter regional. Es importante distinguir entre estos dos aspectos del problema.

En cuanto respecta a las condiciones generales de la unificación encontraremos temas ya conocidos y, en primer lugar, cabe señalar que en esta materia las ideas se han modificado significativamente desde principios del siglo. De 1900 a 1925, pasamos de la investigación paciente y meticulosa del derecho común legislativo a la concepción más audaz de un derecho mundial uniformizado. Después de la segunda guerra, los juristas se volvieron más sensible a los obstáculos e incluso a los peligros de una unificación precipitada: la separación del mundo en dos bloques y la división del derecho en tres sistemas, en gran medida irreductibles, hicieron más difíciles los esfuerzos de unificación. También se ha señalado que la unificación puede presentar, además de sus ventajas, ciertos peligros: por un lado, existe el riesgo de agotarse en vanos esfuerzos tan pronto como se abandona el limitado dominio de las relaciones comerciales internacionales donde, en cualquier caso, se impone una cierta uniformización; por otra parte, las unificaciones parciales, incompletas o precipitadas suelen plantear más problemas de los que resuelven. En la década de 1930 finalmente, los adeptos intempestivos impusieron más obstáculos que beneficios a la causa de la unificación. Ahora tienden, por lo tanto, a mostrarse cautelosos frente a las propuestas de unificación y también exigen, lo cual es nuevo en gran parte, que se basen en una exploración científica preliminar de las materias a unificar.

Por otro lado, nuevas ocasiones se presentan en materia de uniformización. Sería demasiado largo enumerar todos los organismos o los centros de estudios que, después de la Segunda Guerra Mundial, se esforzaron por coordinar esfuerzos o por promover una política de unificación o de uniformización. Como nunca antes los juristas fueron llamados a colaborar para buscar campos de entendimiento, de transacción o de cooperación. La nueva y más destacable contribución proviene sin dudas del desarrollo de uniones regionales que tienden naturalmente a la unificación. Varias observaciones se imponen al respecto.

Ciertos autores, como Graveson, han observado que tanto el common law como el islam, habían actuado en el sentido de cotejar pueblos y legislaciones, proponiéndoles no solo un sistema de derecho, sino una manera de vivir o una manera de pensar y de actuar que superara las reglas de la técnica jurídica y al mismo tiempo impulsara la uniformidad de las soluciones positivas. Estamos entonces en presencia de un vasto regionalismo que no está estructurado legislativamente, pero cuya acción conciliadora es innegable.

Del mismo modo, en muchos aspectos, una afinidad de lengua, costumbres, tradiciones, complementado por la voluntad de unión y por la confianza recíproca, es la base de la Unión Nórdica. A fines del siglo XIX, Dinamarca, Noruega y Suecia comenzaron a procurar la comparación sistemática de sus legislaciones; lo lograron a principios de 1881 para los efectos de comercio, luego para el derecho marítimo. Este movimiento se desarrolló y más tarde Finlandia e Islandia se unieron a los países escandinavos; abordaron entonces el derecho de los contratos, la representación e incluso el derecho de familia, lo cual merece ser destacado (Convención de Estocolmo de 1931 sobre la competencia judicial en materia de divorcio). Se estableció luego una cooperación activa en materia de derecho penal y especialmente de política criminal, gracias principalmente a las reuniones de las Asociaciones de Criminalistas Nórdicos afianzadas, desde 1936, por la publicación de un Anuario común. El Consejo Nórdico creado después de la Segunda Guerra Mundial, al acentuarlo, dio su carácter oficial a este movimiento de unificación. En 1960 se estableció un Comité Nórdico para el derecho penal.

La descolonización de los países de África los llevó a establecer una legislación nacional, pero también, como hemos visto, a intentar crear un derecho africano lo más unificado o armonizado posible. Nos encontramos aquí nuevamente en presencia de una zona jurídica especial, que agrupa a Estados vecinos unidos por afinidades diversas, como ya lo era la Unión Nórdica. También podemos citar, en la misma dirección y con las mismas características generales, por un lado los esfuerzos de la Liga Árabe que tienden, en cierta medida, a uniformar los derechos de Medio Oriente, y por otro lado, el movimiento creado en América Latina por el Instituto Latinoamericano de Integración (creado a su vez por el Banco Interamericano de Desarrollo Económico) que busca unificar la terminología, definir las instituciones y determinar las materias propias de la unificación de esta región del mundo. Este Instituto procura también proponer a los gobiernos leyes tipos, y se encuentra actualmente en preparación un modelo de código penal.

Ciertamente, se debe conceder especial importancia a las principales organizaciones oficiales europeas. En el Este, el COMECOM, o Consejo de Mutua Asistencia Económica, creado a principios de 1949, pero activo sobre todo desde 1956, fue estructurado en 1959. Ahora incluye una Asamblea, un Comité Ejecutivo, Comisiones y una Secretaría General muy importante. Sus tareas son sin duda esencialmente económicas, pero sabemos la importancia, en el plano jurídico, de los problemas y de la acción económicos en un régimen general de economía planificada. Este organismo puede hacer recomendaciones a los estados miembros y preparar acuerdos internacionales.

En Occidente existen tres Comunidades Europeas, de las cuales basta recordar brevemente la existencia: la Comunidad Europea del Carbón y del Acero (CECA), creada por el Tratado de 18 de abril de 1951, que entró en vigencia en febrero de 1953; la Comunidad Europea de la Energía Atómica (EURATOM), establecida por el Tratado de Roma de 25 de marzo de 1957, que entró en vigencia el 1° de enero de 1959, y sobre todo la Comunidad Económica Europea (CEE o Mercado Común), también creada por el Tratado de Roma de 25 de marzo de

1957, que prevé la comparación progresiva de los Estados miembros así como la comparación de sus legislaciones económicas y sociales. El mismo tratado crea una Corte de Justicia de las Comunidades cuyo objeto es asegurar "el respeto del derecho en la interpretación y la aplicación de los tratados que han instituido las tres Comunidades".

Estas organizaciones oficiales regionales e interestatales presentan ventajas obvias. Están constituidas y estructuradas por los propios Estados y llamados a actuar con fuerza a favor de la unificación. Se realizan en un marco geopolítico que conoce los mismos problemas y busca resolverlos de la misma manera. Se basan en la unidad o proximidad de conceptos legales que permiten una delimitación previa y una fácil cooperación posterior en materia de unificación. Se realiza así una especie de comparación interna que permite definir el marco del propio sistema regional.

Estas organizaciones presentan sin embargo algunos inconvenientes: son menos fáciles de definir claramente de lo que podría parecer a primera vista, porque uno puede preguntarse si el plan regional en el que se fundamentan es político, socioeconómico, geográfico o ideológico. Con respecto a Europa en particular, ¿se trata de la organización del Consejo de Europa, la del Mercado Común o la que iría del Atlántico a los Urales? Existen también una multiplicidad de organismos coexistentes: la Unión Nórdica, Benelux, el Consejo de Europa, las Comunidades Europeas. Estos marcos regionales a menudo se superponen; de allí la necesidad de una nueva coordinación de estos organismos, que aún no se ha logrado plenamente.

El principal problema, al menos en lo que se refiere al aspecto comparativo, es la relación que debe establecerse entre la unificación regional y la unificación universal. Sin duda es fácil distinguirlos e incluso oponerlos; pero cabe preguntarse si la unificación regional - cuyos avances actuales son uno de los aspectos nuevos del problema de la unificación - constituye un primer paso hacia una unificación más amplia, con alcance o al menos con tendencia universal, o que por el contrario no represente un obstáculo a esta eventual ampliación; el éxito obtenido dentro de un marco restringido establecería así un límite de facto, o quizás hasta un límite de derecho, a los esfuerzos de unificación que tienen por objeto un marco más extenso. ¿Puede haber, además, coexistencia o cooperación entre la escala nacional y la escala universal? y, si la hubiera, ¿cómo debe concebirse esa cooperación o esa coexistencia?

A veces se ha propuesto que, en su propio dominio, las "standards minimum" de la Organización Internacional del Trabajo, que constituyen elementos activos importantes de la unificación universal, sean luego retomadas a escala regional. De acuerdo con esta concepción, los principios generales o directivas emitidas en el plano universal se traducirían, dentro de este marco limitado, en elementos legislativos más concretos y más estrictos de lo que pueden ser en el marco internacional general. Existiría así una unificación establecida en cierto modo en dos grados y combinando tanto las posibilidades como las ventajas de la unificación universal y las de la unificación regional. El problema permanece planteado; siendo así y a pesar de ello, no está resuelto; porque podemos preguntarnos si no debemos temer eventuales conflictos entre reglas universales y reglas regionales. En todo caso, observemos el rol cada vez más importante del movimiento de unificación regional.

B) — Ha llegado el momento de volver a las *técnicas* para lograr la unificación moderna. Notaremos inmediatamente aquí un doble movimiento en apariencia contradictorio: por un lado, vemos el desarrollo y perfeccionamiento de las técnicas de unificación; pero, por otra parte, observamos un cierto alejamiento de la noción de unificación legislativa entendida *stricto sensu.*

El desarrollo de las técnicas de la unificación es característico del período posterior a 1950. Durante el encuentro organizado en Barcelona en 1956 por UNIDROIT sobre los métodos de la unificación, se hizo mucho hincapié en la necesidad de racionalizar y utilizar científicamente los problemas de la unificación. El relator general, Matteucci, subrayó las condiciones previas y la necesidad de distinguir las fases sucesivas (preparatorias, de deliberación, luego de realización) de la unificación. Cabría entonces preguntarse si no estamos asistiendo de alguna manera al nacimiento de una ciencia especial de la unificación del derecho, que tendería a examinar sistemáticamente las condiciones y las modalidades de la unificación positiva, y que a su vez se encargaría de estudiar la aplicación y los resultados de los experimentos de unificación ya realizados.

Al mismo tiempo, es probable que actualmente nos estemos alejando de la noción de unificación, que alguna vez fue muy amplia, tanto en lo concerniente a la materia tratada como a los países involucrados. La convención de unificación sobre la venta de 1964, es esencialmente parcial, ya que solo se refiere a las relaciones internacionales y se limita solo a la venta de bienes muebles. El éxito de la empresa parece pues rebuscado en una limitación deliberada del campo de la unificación propuesta, lo que conduce a la nueva noción de las *condiciones previas* de toda unificación.

Dichas condiciones previas son de diferente índole. Será, en primer lugar, la determinación del área geográfica de la unificación. ¿Se tratará de dos países, como el proyecto franco-italiano de las obligaciones, de una región económicamente unida, como la pequeña Europa, de un marco regional más amplio, como los países de América Latina o del África negra, o finalmente un marco universal como el de la Convención de La Haya?

Otra condición previa importante es la noción muy moderna de *materias susceptibles de unificar*: no todas las materias son adecuadas para la unificación, pero algunas pueden llegar a serlo; y hemos visto, por ejemplo, que si bien el derecho de las personas, la filiación o el matrimonio en general se presta bastante mal a la unificación total, no obstante, se han logrado importantes éxitos en esta materia en la Unión Nórdica. Un especialista como Limpens resaltó al respecto que era importante clasificar las materias susceptibles de unificar y clasificarlas por orden de urgencia. En los países europeos, el derecho comercial y el derecho marítimo siguen siendo materias privilegiadas. En el derecho africano, la unificación parecía, por el contrario, lograrse más fácilmente en materia de derecho tributario o aduanero. Hay, como bien explica Limpens, "constantes de la unificación" que no deben perderse de vista. Aquí también podríamos hablar de una "ciencia de la unificación del derecho".

Otra condición previa, análoga, además, se deriva del hecho de que la unificación debe ser alentada, o al menos deseada o sentida como necesidad. Es importante pues averiguar dónde y cómo se manifiesta esta necesidad ante las siempre probables reticencias de los juristas, la resistencia de ciertos especialistas y la lentitud de los gobiernos. Como señaló el desaparecido Essel E. Yntema, la unificación, para tener éxito, debe ser precedida por un estudio comparativo de los sistemas, de los medios y de las condiciones económicas y sociales de los países que pretenden lograrla. Subrayemos, una vez más, que vemos aquí que la investigación comparativa, cuando se orienta hacia fines concretos, adquiere un carácter sociológico y, una vez más, toma distancia también de la globalización unificadora del año 1925.

Para completar, sería necesario examinar las técnicas desarrolladas en las diversas organizaciones regionales. Tal estudio obviamente excedería los límites de nuestra presentación. Limitémonos aquí a recordar los tres procedimientos, en gradación ascendente, del Tratado de Roma que organiza las Comunidades Europeas. Estos son: la *recomendación* o invitación dirigida a los Estados miembros para que cotejen, si así lo desean, sus legislaciones positivas; la *directiva* que, por el contrario, vincula a los gobiernos y los obliga a modificar sus derechos positivos, dejándoles la elección de las formas y los medios para lograrlo; finalmente, el *reglamento* resultante de un verdadero poder legislativo del Consejo de la CEE, que establece reglas uniformes y de aplicación inmediata en todos los Estados miembros.

Ya hemos señalado, porque se trata de las técnicas tradicionales, la diferencia entre la elaboración concertada, la ley modelo y la convención internacional. Cabe recordar que la convención juega también un rol importante en el marco de las Comunidades. Puede ser de derecho uniforme, o limitarse a los conflictos de leyes o, finalmente, establecer reglas de derecho comunitario, es decir, de derecho interno común en un Estado miembro asociado a la Comunidad.

Este derecho comunitario es en sí mismo un derecho unificado, pero, no obstante, es específico de cada una de las Comunidades, como por ejemplo la CEE o la CECA. Se trata de un derecho autónomo, superior a los derechos nacionales y con carácter de derecho nacional e internacional a la vez. Sabemos, además, que cuando un interrogante de interpretación del Tratado de Roma o de la validez de los actos adoptados por las instituciones de la Comunidad se plantea ante una jurisdicción de un Estado miembro, dicha jurisdicción puede pedir a la Corte de las Comunidades que se pronuncie sobre este punto en particular. Esta práctica de *cuestiones prejudiciales*, en particular en materia social, fiscal o incluso comercial, pone en juego la cooperación jurídica interestatal en el marco de las Comunidades y favorece el desarrollo del derecho comunitario unificado.

3. Situación actual y perspectivas de futuro

Todas estas nuevas técnicas son idóneas para desarrollar la unificación de los derechos. Sin embargo, no hemos dejado de observar que los textos que rigen las Comunidades Europeas hablan menos de unificación que de comparación, de coordinación o de armonización de los derechos. Esto parece excluir, al menos como regla general, el recurso a la ley uniforme. Se liberan así de la unificación propiamente dicha en el momento mismo en que se dedican a perfeccionar sus instrumentos y su empleo. Para concluir, debemos detenernos en este aspecto particular del fenómeno, especificando a su vez sus causas y sus consecuencias.

Las razones de esta nueva actitud son dobles. Por un lado, la experiencia positiva de la unificación fue, en definitiva, decepcionante, especialmente para quienes soñaban con que fuera completa y general. Ha permanecido - o se ha vuelto - limitada tanto en el espacio, en el sentido de que tiende a ser principalmente regional, como en su objeto, en el sentido de que solo ha tratado con eficacia determinadas materias, principalmente el derecho mercantil. Al mismo tiempo, se ha mostrado relativamente poco eficaz tanto por la inclusión de reservas en las convenciones de unificación como por las divergencias de interpretación de las jurisprudencias nacionales que han reducido aún más el alcance de una uniformidad trabajosamente adquirida en unos pocos puntos.

Por otro lado, y sobre todo, la unificación que surge de una ley uniforme se refiere esencialmente a reglas de derecho (por ejemplo, las condiciones de validez del cheque) que se hacen idénticas en todos los países signatarios de la convención. Ahora bien, desde este punto de vista, se produjo una importante evolución en la época más moderna. Ya hemos visto que ciertas convenciones, especialmente en el campo del derecho laboral, se limitan a establecer principios muy amplios. Técnicamente, se trata incluso de standards, y ya no de reglas de derecho (y es en este sentido que hablamos, sobre todo aquí, de *minimum standards*). En otros casos, como también hemos visto, solo se unifican las reglas relativas a las relaciones jurídicas internacionales, las reglas internas aplicables en los países signatarios se mantienen sin modificaciones. Sin embargo, nadie considera negar el título de unificación a convenciones de estas diferentes categorías. Por lo tanto, debemos concluir que la unificación no conduce necesariamente, o ya no conduce, a una identidad total de las reglas de derecho entre los países o los sistemas presuntamente unificados.

Podemos ir más lejos considerando ahora que la unificación es concebible fuera del dominio estricto de las reglas de derecho. Además, como bien ha observado Tune, una convención que unifique internacionalmente las reglas de derecho, como la convención sobre la venta mobiliaria de 1964, debe ser muy desarrollada y minuciosa; porque si se limitara a establecer unos pocos principios, podría resultar en una gran incertidumbre. En el orden interno, en efecto, pueden bastar los principios generales, ya que se refieren a un cuerpo de derecho en el cual se integran naturalmente. En el orden internacional —y en lo que podría llamarse el orden externo unificador— los textos de la convención son válidos solo por sí mismos y sin referencia posible a un determinado *Corpus juris* preexistente. Por el contrario, en materia de standards, podemos contentarnos con disposiciones

— o directivas generales; y esto se ha señalado especialmente en la materia de los derechos humanos, que es el dominio elegido de los principios generales —o declaraciones— en oposición al dominio de las reglas de aplicación positiva estricta

Por lo tanto, es posible considerar una unificación que se lograra, no ya al nivel de reglas precisas, técnicas y limitadas, sino al nivel de principios o de standards generales de comportamiento. Tal es el caso, además, en el ya mencionado campo de las relaciones comerciales internacionales, al margen de las convenciones propiamente dichas, por la práctica de los contratos tipos y por la aparición de una *lex mercatoria* moderna que constituye, como lo hemos observado, un aspecto importante del movimiento general de unificación. Eminentes comparatistas, lo sabemos, han mostrado muy claramente que había en aquel momento, uniformización en lugar de unificación: por ser la unificación, por su naturaleza, un trabajo legislativo y puesto que esta uniformización deriva de los esfuerzos concertados, y es además, a menudo, de una alta tecnicidad de los especialistas y de la acción corporativa.

Esta evolución conlleva, desde un punto de vista comparativo, importantes consecuencias, pero ahora nos basta enunciar brevemente:

— la unificación de las reglas deja de ser el objeto principal del derecho comparado y el mayor desvelo del comparatista;
— la armonización, la coordinación, incluso la uniformización, son posibles entre sistemas y entre materias donde la unificación de las reglas sería difícil de lograr;
— pasamos pues de la antigua unificación a la nueva armonización: una vez más, el enfoque científico consiste en ir más allá de la regla para alcanzar el sistema; y una vez más también, consiste en tomar el sistema como un todo, en sus métodos y en su espíritu.

Baste decir que la evolución es rica en perspectivas en el plano de la coordinación. La unificación así concebida ya no es formal sino sustancial; y lejos de oponerse a la comparación, por el contrario, le da su verdadera dimensión y todo su significado, en el mundo con contrastes de hoy.

VII

LOS MÉTODOS CONCRETOS DE LA INVESTIGACIÓN COMPARATIVA

Es hora de volver al examen de los métodos propiamente dichos según los cuales se lleva a cabo la investigación jurídica comparativa. Desde este punto de vista, proceden tres observaciones preliminares, que derivan en gran medida además, de las consideraciones que hemos revalorizado en las presentaciones precedentes.

En primer lugar, el objeto de nuestro presente examen se refiere a los procedimientos mediante los cuales se lleva a cabo concretamente una investigación comparativa determinada. Se podría decir que es pues, derecho comparado en acción, con respecto a la teoría del derecho comparado. Baste decir que este capítulo no debe confundirse con el Capítulo II que trataba, de manera general, los problemas metodológicos: se refería sobre todo a la lógica y a la epistemología del derecho comparado como disciplina jurídica. Ahora nos concentraremos en examinar los procedimientos técnicos utilizados por el comparatista en una investigación referida a un tema específico de derecho positivo.

En segundo lugar, y como corolario de esta primera observación, ya no se trata de intentar identificar el método único que sería esencial en cualquier investigación comparativa. En cuanto a la naturaleza y la función del derecho comparado, objeto de nuestro Capítulo II, existe una literatura notable acerca del método comparativo examinado, ya sea en todas las ciencias, humanas y sociales en particular, o incluso en la ciencia jurídica. Nos encontramos por lo tanto en presencia de numerosas teorías y controversias sobre la definición o las características de este singular método. Las dejaremos de lado porque tienen, según nuestra opinión, solo un interés puramente especulativo. La mayoría de las veces se ubican en abstracto, a veces incluso sin ninguna ilustración práctica, y brindan poca información sobre el empleo concreto que se puede hacer del método propuesto. Ahora bien, este empleo varía según la persona del comparatista y el objeto específico de su investigación. No debemos hablar, como se hace con demasiada frecuencia, *del* método, sino *de los métodos* del derecho comparado o de la investigación comparativa.

Finalmente —tercera observación y segundo corolario— no debemos olvidar que el método comparativo está llamado a interpretar en gran medida en las ciencias sociales el rol que cabe a la experimentación en las ciencias naturales. Gabriel Tarde, durante el Congreso de 1900, argumentaba que "la comparación de las legislaciones como la de las lenguas, las religiones, los gobiernos, los regímenes económicos, las artes, las costumbres, desde la perspectiva de su formación y de sus transformaciones, es la materia prima del sociólogo. La sociología es, se podría decir, la ciencia de las comparaciones comparadas. El método comparativo así entendido, notémoslo sin lugar a dudas, se une al método histórico y lo completa. En un ámbito cercano, y con respecto a la literatura comparada, Van Thieghem afirma que la comparación se concreta normalmente "en un marco binario". Es este estudio bipartito el que permite pasar de la simple descripción de un objeto externo al análisis científico. El método histórico examina los hechos verticalmente, mientras que el método comparativo los examina horizontalmente. Pero los dos métodos son en gran medida complementarios, y Matteucci, durante el Coloquio ya mencionado sobre la unificación del derecho de Barcelona en 1956, insistió precisamente en la necesidad, tras realizar un estudio, legislación por legislación, de confrontar las soluciones buscando las causas que las determinan.

De ello resulta, dado que hay que elegir entre tantos problemas diversos, que conviene a nuestro juicio examinar aquí sucesivamente: en primer lugar, el estudio vertical, lógicamente el primero, que es sustancialmente un estudio de *derecho extranjero* y que nos obliga a pronunciarnos sobre las relaciones de derecho extranjero y de derecho comparado; en segundo lugar, la investigación comparativa o, más exactamente quizás, el proceso de comparación de los derechos, como lo hemos visto para la unificación, tiene también sus condiciones previas: es necesario determinarlas. Finalmente, ya hemos subrayado que no existe un método jurídico, un único método comparativo, sino diferentes métodos; y es tan conveniente distinguirlos como pronunciarse sobre la utilización que puede hacerse de cada uno de ellos.

1. Derecho comparado y derecho extranjero

La distinción entre derecho comparado y derecho extranjero era clásica incluso antes de 1900; pero no siempre es evidente y en todo caso, tampoco es respetada. Veremos, además, que es bastante difícil de mantenerla en todo su rigor.

En su principio la distinción, si no la oposición, entre el estudio del derecho extranjero y el estudio jurídico comparativo se impone.

Como lo ha señalado Sauser-Hall, el derecho comparado va más allá del estudio y de la descripción de las leyes extranjeras. La divulgación del derecho extranjero es útil, pero "no hay que confundir yuxtaposición y comparación", como tampoco el conocimiento de varias lenguas constituye la lingüística comparada, afirma el gran comparatista suizo. Aproximadamente en la misma época, von Liszt, en su Prefacio a la gran recopilación dedicada al derecho penal de los países europeos, contrastaba ya los estudios de derecho comparado dirigidos al conocimiento de una o varias legislaciones penales con el derecho comparado o "legislación penal comparada", que debía tratar de producir su síntesis con el fin de identificar los puntos comunes existentes entre las diferentes legislaciones estudiadas.

Este punto de vista, perfectamente lógico en sí mismo es hoy, hay que reconocerlo, algo obsoleto. Se observa en efecto, que el jurista formado en un país y que aborda el examen de un derecho extranjero, con mayor razón por lo demás si se trata de un sistema diferente del suyo, no puede hacerlo, por mucho que lo pretenda, como un jurista educado y formado en ese derecho o en ese sistema. Su actitud, condicionada por su propia formación, es pues en un principio, implícita y necesariamente comparativa

Además, como ya hemos visto, un estudio del derecho extranjero serio, objetivo y lo más completo posible, es indispensable antes de una comparación propiamente dicha. Ciertamente hay allí una verdad obvia, pero que a veces se ha perdido de vista; y no debemos olvidar los errores o aproximaciones apresuradas que se han hecho en estudios que pretendían ser comparados, es decir horizontales, sin un estudio vertical previo y suficiente. Ya hemos podido percibir, además, cuán necesario es este estudio preliminar del sistema - más allá de la materia, incluso limitada, que se pretende someter a comparación - en el caso de la preparación de un acuerdo internacional, durante un arbitraje privado internacional o más aún, por supuesto, en el caso de un intento de unificación.

Estas consideraciones han conducido a dos aseveraciones comunes, la primera consistente en decir que el derecho comparado es "dependiente de los estudios de derecho extranjero", la segunda afirma que el derecho extranjero es la "materia prima" del derecho comparado. En efecto, nadie es comparatista sin haber ejercido previamente el derecho extranjero, así como nadie es director de orquesta sin ser o haber sido antes instrumentista.

Podemos ir más allá, además, y recordaremos aquí lo que algunos, como Sauser-Hall, han dicho sobre el derecho comparado interno necesario en el proceso de unificación nacional. Esta necesidad del método comparativo sigue siendo válida especialmente para los estados federales con múltiples legislaciones internas, o los países de derecho aún no unificado. Se aplica también, y de forma más compleja, en los Estados donde, como en los países del Este, coexisten o han coexistido durante cierto tiempo dos regímenes de derecho, el Código o el derecho anterior al establecimiento de la democracia popular y el derecho nuevo nacido de la revolución comunista. La comparación se desarrolla entonces en el orden interno de la misma manera, se podría decir, en que se desarrolla en el derecho internacional privado la excepción de orden público. El antiguo derecho se aplica en la medida en que no entre en conflicto con los principios fundamentales del nuevo derecho. Así, en Polonia, habiendo quedado en vigencia después de la guerra el Código Penal de 1932, la Corte de Casación de Varsovia dejó sin efecto la aplicación de los textos relativos a las medidas de seguridad basándose en el estado de peligrosidad del delincuente, al declararlas contrarias a los principios fundamentales del nuevo sistema de derecho penal socialista. Esta comparación interna no solo es útil para el jurista del país considerado. Permite al comparatista de afuera precisar mejor el contorno exacto del nuevo régimen o sistema que, por ejemplo, en estos mismos países socialistas, tolera o incluso desarrolla la adopción, pero rechaza la medida de seguridad. Una situación llena de interés sobre la que no podemos insistir más, pero que también encontraríamos en ciertos nuevos países de África y de Asia.

Finalmente, incluso al margen de una posible dualidad de régimen interno, la simple comprensión, no de una regla de derecho extranjero, sino del sistema examinado *in globo,* ella misma presupone una investigación inductiva muy cercana a la comparación. Incluso entre derechos muy similares, el estudio de una legislación extranjera no puede excluir esta comparación. Se podría citar como ejemplo la posición particular del derecho civil belga basado, como el derecho civil francés, en el Código Napoleón de 1804 y que dio una interpretación del artículo 1384, párrafo 1, bastante diferente de la que prevaleció en Francia: sabemos que la jurisprudencia francesa ha extraído de esta disposición una presunción de responsabilidad que pesa sobre el custodio de la cosa causante del accidente.

Así, en la medida en que el estudio jurídico ya no se limita al conocimiento y yuxtaposición de las reglas de derecho, sino que se esfuerza por la comprensión global del sistema, la oposición entre derecho comparado y derecho extranjero se atenúa necesariamente. Pero, ¿no es esto ya, en realidad, una de las condiciones previas de la investigación comparativa? Ahora debemos centrarnos en esta más específicamente.

2. Las condiciones previas de la investigación comparativa

Incluso aquellos, y quizás sobre todo aquellos, que niegan al derecho comparado la cualidad o la calificación de una ciencia autónoma, aquellos que en consecuencia quisieran ver el método comparativo empleado en todas las ramas del derecho, insisten en las condiciones previas necesarias para esta utilización. Ningún jurista puede aventurarse sin preparación en la investigación comparativa, tampoco en el examen de un derecho extranjero. Hay precauciones que el jurista debe tomar e igualmente problemas preliminares que resolver.

a) En primer lugar *precauciones*: algunas de ellas son tan obvias que uno casi se disculpa por recordarlas. Está claro que, para abordar el derecho de un país extranjero, es preferible conocer su idioma. Pero el lenguaje jurídico no es el lenguaje literario, y en el sistema del common law en particular subsiste una jerga legal anglo-normanda que no tiene nada que ver con la lengua de Shakespeare, ni siquiera con la de Dickens. Esto es más cierto aún para el sistema inglés ya que muchos términos son prácticamente intraducibles porque no existe ningún equivalente institucional en el arsenal jurídico continental. Hay que desconfiar de las traducciones apresuradas y de lo que se ha llamado "falsos amigos". "Common law" no debe traducirse por "derecho común" y *Equity* en inglés no es la equidad continental, como tampoco la *preventive detention* - que constituía un encarcelamiento por seguridad - era nuestra "detención preventiva". Se ha informado el caso de un traductor voluntario, marinero de origen, que, deseando dar a las Islas Seychelles una edición en inglés del Código Napoleón, había traducido - en el artículo 1386 que trata de la responsabilidad contraída por la ruina de un edificio - la palabra edificio por *warship*...

   De un modo menos concreto, hay otras facilidades contra las cuales el comparatista también debe tomar precauciones. Por eso no debe contentarse pasiva y rápidamente con un texto de derecho extranjero que aparentemente da la indicación deseada, pero que no es verificado ni comparado con su contexto. Es conveniente además evitar considerar demasiado rápido que los mismos problemas, que surgen en las mismas condiciones, conducen siempre a las mismas soluciones. Es apropiado desconfiar aquí de las generalizaciones superficiales, e incluso de una especie de buena voluntad recíproca que, en ciertas reuniones internacionales, conduce a la aceptación demasiado apresurada de supuestas orientaciones comunes que en realidad hacen abstracción de los aspectos nacionales concretos de las cuestiones estudiadas. La similitud de los problemas no debe hacernos perder de vista que los modos de cotejar, los métodos de documentación y la búsqueda de soluciones positivas pueden ser significativamente diferentes. Ahora bien, son estos modos y estos métodos los que dan a las soluciones positivas su verdadero significado, lo que podríamos llamar su coloración exacta.

Un comparatista bien formado como René David ha explicado al respecto las condiciones en las cuales, en su opinión, debe abordarse el derecho extranjero. Desearía, en primer lugar, que se hiciera en las mismas condiciones que lo abordan los juristas del país de que se trata, en particular en lo que se refiere a la determinación de las fuentes; y es así que, nuevamente en el caso del derecho inglés, la solución debe buscarse más en las decisiones de los tribunales que en el texto de la ley escrita.

En segundo lugar, es primordial aprender a conocer la estructura del derecho extranjero estudiado: sus divisiones, sus modos de administración, su sistema de referencias. Ni en el sistema del common law ni en el sistema socialista existe la división romanista continental entre el derecho privado y el derecho público, al menos en el sentido que la tradición romanista le da a esta división, ni tampoco en el sentido continental del término, el principio de la separación de los poderes.

Finalmente, conviene no perder de vista el funcionamiento efectivo del sistema. El entorno social debe ser tenido en consideración y por ejemplo, para los países del Este. lo que los soviéticos llaman la convivencia socialista. La influencia de la religión es primordial para los países del islam y las tradiciones antiguas, incluidas las tradiciones familiares, a menudo toman el lugar de las exigencias formales de la ley escrita en Japón. Conviene igualmente percibir con claridad y delimitar lo que podría llamarse la ideología jurídica del sistema, que en Occidente involucra los principios de la libre empresa, de la propiedad y de la responsabilidad, y en los países del Este incluye las exigencias de la planificación y los modos particulares de gestión.

Estas precauciones son rigurosamente necesarias. Pero todas ellas dependen en realidad del modo en que el verdadero comparatista aborda el derecho extranjero, con una mirada nueva, un espíritu curioso y la voluntad de salir de su particularismo. Al estudiar el derecho extranjero, hay que evitar creer que el problema está rápidamente resuelto y, más aún, cuidar de reducir las instituciones extranjeras al marco y al molde habitual de su propio derecho nacional. También es necesario que el comparatista no se encierre en la sistematización de su propio derecho y renuncie a creerla necesaria e indiscutible. Este es el caso incluso de las clasificaciones más elementales; y es a menudo difícil hacer comprender a un jurista francés que la división tripartita de las infracciones en crímenes, delitos y contravenciones no existe por ejemplo, en Inglaterra y tampoco en Italia.

b) Junto a estas precauciones iniciales, que son las condiciones previas evidentes de la investigación comparativa, es conveniente, si se desea llevar esta investigación con éxito, plantear y resolver algunas *cuestiones preliminares*. Se refieren sobre todo a la determinación del campo del estudio comparativo y a la elección de las fuentes de información.

Determinar el campo del estudio es más importante aquí que en cualquier otra materia, porque es demasiado fácil perderse. El estudio comparativo puede referirse a una regla precisa o a una cuestión resuelta en principio por reglas limitadas; se ha realizado así un interesante estudio comparativo, en el marco de las reuniones de los organismos franceses de derecho comparado, con el objeto de saber si la negativa a vender puede o no constituir un delito en los países del Mercado Común. El estudio puede igualmente tener por objeto identificar una institución común, y a la luz de esta distinción, aquellosa quienes les incumbe el derecho de las Comunidades Europeas se han preguntado si era posible constituir una "sociedad de tipo europeo" reconocida por todos países del Mercado Común, sin estar sometidos como tales a la legislación particular de uno de estos países.

Hay, pues, con respecto a la determinación del campo del estudio comparativo, una verdadera cuestión preliminar de *calificación*, como en el derecho internacional privado. En efecto, la institución puede figurar bajo diferentes rúbricas en los diversos derechos examinados, y esto es lo que ya hemos visto, por ejemplo, a propósito de la determinación de los derechos sucesorios del cónyuge sobreviviente. La calificación debe ser pues lo suficientemente precisa y amplia a la vez para revelar y englobar todo lo relacionado con el tema tratado: en este caso, el derecho a recibir los bienes del desaparecido, ya se trate de la materia de las sucesiones o la del derecho matrimonial.

Hay que determinar finalmente el alcance horizontal del estudio Puede tratarse de tomar en consideración un solo derecho, como acabamos de ver a propósito de la interpretación del artículo 1384 del Código Napoleón en el derecho belga y en el derecho francés. Se puede, por el contrario, querer comparar varios derechos cercanos, como se lo hace a menudo para los países del Mercado Común, o en cambio, abordar sistemas resueltamente extranjeros. La diferencia entre los sistemas puede ser técnica, como cuando se trata de la penetración del trust en las legislaciones iberoamericanas, o estructural, si acometemos, por ejemplo, el estudio del contrato dirigido o del contrato impuesto, tanto en Alemania como en Francia por un lado, y en los países socialistas por el otro.

Uno podría estar tentado a decir que estos problemas se plantearán por sí mismos. La experiencia enseña, sin embargo, que algunos comparatistas un poco apresurados aún no se han dado cuenta de esto. La principal dificultad aquí es en efecto, formular claramente las preguntas preliminares con toda la precisión deseable y en su secuencia lógica. De hecho, planteándolos de esta manera, se puede determinar el método que se utilizará en un procedimiento de investigación dado, entre todos los métodos posibles. Este es el último punto que ahora nos queda por considerar.

3. La utilización de los métodos disponibles

Un eminente comparatista Gino Gorla, señaló con razón que cada categoría de problemas comparativos requiere un método apropiado y que el empleo de este método depende al mismo tiempo de las fuentes de información disponibles. Además, en el plano metodológico, los diferentes métodos disponibles aún se encuentran en gran parte en la etapa experimental. Por lo tanto, parece necesario investigar, en primer lugar, de qué modo conviene diseñar el método a utilizar en función de su propio objeto, antes de distinguir y definir los diferentes métodos entre en sí.

A) Examinemos, en primer lugar, lo que podría llamarse el *método en acción*. Recordemos a este respecto los ejemplos que ya hemos dado a propósito de la presunción de paternidad legítima o sobre los derechos de sucesión del cónyuge sobreviviente. A fin de precisar más aún las ideas sobre este importante punto, tomemos un nuevo ejemplo, a la vez similar y diferente: el de una investigación realizada sobre el régimen matrimonial de derecho común. Nótese que puede ser utilizado tanto para investigación pura, como para educación, o para los trabajos preparatorios de una reforma legislativa, o incluso para la preparación de la unificación, regional o de otro tipo. *A priori*, el régimen de derecho común parece fácilmente discernible y, con una aptitud bien constituida, distinguiremos rápidamente entre regímenes "comunitarios" y regímenes "separatistas". Pero pronto aparecen subdistinciones y dificultades.

En primer lugar, encontraremos que en ocasiones históricamente puede haber una verdadera falta de régimen. Así sucederá cuando la personalidad de la mujer se absorbe jurídicamente en la del marido, absorbiéndose igualmente el patrimonio de ésta en el patrimonio de aquel, como ocurría en Roma con el matrimonio *cum manu*. Fundado en un razonamiento muy diferente, lo mismo sucedía en el antiguo sistema del common law al partir del principio bíblico de la unidad indisoluble de los cónyuges; y Blackstone podía decir (I, 441) que durante el matrimonio la "existencia legal" de la mujer quedaba en suspenso. Mediante un razonamiento análogo, el derecho musulmán conduce, no obstante, a la situación contraria: el matrimonio, regido por la ley religiosa, escapa al dominio contractual; por tanto, no incluye un régimen matrimonial propiamente dicho y la mujer conserva todos los derechos sobre su patrimonio que poseía antes de su unión. El resultado aquí es, pues, una separación de bienes sin un régimen de separación.

Actualmente en el sistema angloamericano, el patrimonio de los cónyuges permanece separado, tal vez menos, de nuevo aquí, en virtud de una "separación de bienes" en el sentido continental del término, que como resultado de una especie de ausencia de régimen - controlado esta vez por la independencia respectiva de los cónyuges (*Married Women Act* inglés de 1935) - decide que todos sus bienes pertenecen a la mujer como si fuera *feme sole*. Diremos entonces, para simplificar, que estamos en presencia de una separación de bienes. Sin embargo, en muchos estados de los Estados Unidos, cada uno de los cónyuges recibe, como tal, una parte de la sucesión del cónyuge fallecido. En caso de divorcio, algunos estados otorgan incluso a la mujer un derecho sobre los bienes de su marido, y todo sucede entonces de hecho como si hubiera una especie de sociedad. Además, existen muchas prácticas entre los cónyuges que fortalecen sus lazos patrimoniales mutuos: uno puede confiar al otro la administración de sus bienes; los cónyuges pueden comprar conjuntamente un bien particular, especialmente un fondo de comercio, que de hecho a menudo constituye su única fortuna y se dividirá por la mitad al disolverse el matrimonio; a lo que, desde el punto de vista bancario, podemos sumar la práctica de la cuenta conjunta y, al tratarse del sistema angloamericano, la posible disposición del trust. Incluso vemos que muchos países establecen, a pesar de tener un régimen de separación estricto, una presunción que otorga a los bienes reputación de bienes indivisos, a falta de prueba en contrario de su origen; estamos entonces muy cerca, de hecho, de un régimen comunitario. Del mismo modo o, si se prefiere, a la inversa, un régimen jurídicamente calificado como régimen dotal será, sin embargo, de hecho, un régimen de separación de bienes, si no existe, lo cual no es excepcional, constitución de dote alguna, todos los bienes de la mujer son entonces, parafernales. Añadamos que, de nuevo aquí, habrá que tener en cuenta el juego de las convenciones matrimoniales, de allí la necesidad de estudiarlas fuera del régimen legal. Por lo tanto, debemos preguntarnos cuándo y en qué medida estas convenciones son posibles, si están favorecidas por la ley, si están sujetas a inmutabilidad. Finalmente, cualquiera sea el país y el régimen, habrá que determinar la influencia que puede tener sobre el status patrimonial de los bienes el ejercicio de una profesión y especialmente, de un oficio separado por parte de la mujer. Tampoco podemos hacer abstracción, al estudiar el régimen de los bienes, de las relaciones personales de los cónyuges y abstenernos de investigar en particular si hay igualdad o predominancia - y en tal caso, ¿cuál? - del marido, ni sin advertir las consecuencias que puede haber dejado, en el derecho moderno estudiado, la antigua potestad marital, aunque esté teóricamente abolida.

Estas explicaciones, probablemente demasiado esquemáticas, ponen en evidencia una regla o directiva esencial del método comparativo: *la equivalencia de las instituciones* y lo que ya hemos llamado el "juego combinado de instituciones paralelas" que permite llegar, según una feliz fórmula de Zweigert, a resultados idénticos por caminos diferentes. Recordemos, además, lo que ya hemos dicho sobre la utilización del trust en el sistema angloamericano, en el cual vemos esta institución desempeñar el rol que asumen instituciones muy diferentes en el sistema romanista, desde el punto de vista de la representación, del régimen de incapacidad, del derecho sucesorio o del derecho matrimonial. De este modo la ausencia, al menos aparente, de una institución que corresponde directamente a otra, en especial de sistema a sistema, no significa necesariamente una laguna en la legislación examinada y no conduce de manera inevitable a una divergencia fundamental en la práctica de las soluciones positivas.

Esta regla de la equivalencia de las instituciones es de primordial importancia; no obstante, es necesario recordar que la convergencia de facto de las soluciones positivas no solo debe ser constatada. Esta sola constatación no podría satisfacer ni al teórico ni al práctico, el cual además corre el riesgo de perderse en el laberinto de instituciones paralelas extranjeras. El comparatista está precisamente allí para explicar en qué consiste exactamente esta convergencia de soluciones y cuáles son sus límites desde el punto de vista de la técnica jurídica. La razón de ser de estas equivalencias se encuentra, por lo demás, no en las reglas, ni siquiera en las instituciones, sino en la economía general del sistema. El método en acción debe pues - es necesario volver siempre a esto - esforzarse por captar el sistema en su realidad funcional y operativa. De allí el imperativo de estar informado de esta necesidad que siempre puede escapársele a un estudioso que aborda una legislación extranjera particular.

Para resolver estas dificultades, los comparatistas suelen utilizar el procedimiento del cuestionario enviado por el investigador de un país a un jurista, o mejor quizás, a un organismo calificado del país cuyo derecho positivo desea conocer en su funcionamiento real. Este procedimiento ampliamente utilizado, y al que Naciones Unidas o el

Consejo de Europa en particular recurren con frecuencia, es una fuente de información valiosa y aparentemente fiable, ya que las respuestas provienen de un jurista o de un organismo local informado con precisión de la realidad de su propio sistema.

Sin embargo, ciertos comparatistas no dejan de plantear algunas objeciones a la práctica internacional del cuestionario. Está claro, en primer lugar, que este cuestionario se redacta con demasiada frecuencia según el sistema propio del autor, por lo que se expone a no ser entendido con exactitud por parte del destinatario. En casos extremos, podríamos decir que a veces llegamos casi a un verdadero diálogo de sordos. En otros casos aún existe el riesgo, a pesar de todo, de terminar en las falsas interpretaciones o las falsas indicaciones que queríamos precisamente evitar.

Más que un cuestionario explícito que busque obtener informaciones sobre reglas de derecho, es preferible solicitar precisiones sobre un punto determinado y, si es posible, sobre un caso particular o sobre una situación concreta. Sin embargo, para ser realmente útil y eficaz, tal requerimiento de información supone una larga correspondencia, con precisiones sucesivas y solicitudes recíprocas de aclaraciones que hacen que la búsqueda sea a la vez larga y difícil. Ciertamente, nada mejor que el contacto directo del investigador con el derecho extranjero, si es posible, con la cooperación de un guía o un informador calificado. Desde ese punto de vista, las "reuniones bilaterales", que ya hemos mencionado - y sobre las que volveremos - resultan particularmente útiles.

Las dificultades a las que acabamos de aludir son, en última instancia, solo un aspecto particular del problema más general de la *comparabilidad*. Esta, como hemos visto, no plantea problemas demasiado serios en el interior de un mismo grupo homogéneo, y es en este sentido que se desarrollan muchas investigaciones comparativas en el marco limitado del Mercado Común. Por esta razón, vemos que ciertos comparatistas persisten en la tendencia consistente en limitar la comparación solo a las legislaciones que pertenecen a un mismo grupo. En cuanto al método contemplado y a su utilización concreta, nos parece que esta cuestión debe resolverse mediante una distinción esencial, a veces poco clara, relativa al nivel de la comparación. Para que aparezca claramente, solo es necesario retomar aquí algunas ideas ya expuestas.

En primer lugar, la comparación puede, en efecto, situarse a nivel de la regla de derecho, y hemos tomado, así como primer ejemplo, el de la presunción de paternidad legítima. Se trata entonces, menos de una comparación propiamente dicha que de una yuxtaposición de las reglas legales de las diferentes legislaciones examinadas. Estamos aquí en la etapa informativa, siempre posible y relativamente fácil.

Las dificultades solo aparecen, en realidad, si buscamos el porqué de esta reglamentación legal y si pretendemos captarla en su evolución.

Podemos situarnos en otro nivel, que es el de la institución; y buscaremos, por ejemplo, qué implica el divorcio o la adopción en tal o cual legislación determinada. Aquí nuevamente tenemos un acceso bastante fácil a la reglamentación, es decir al marco legal o a la figura jurídica de la institución examinada, siguiendo el díptico tradicional, a su vez en sus condiciones y en sus efectos. Está claro, sin embargo, que este estatuto legal por sí solo aporta poca información sobre la realidad del fenómeno jurídico y su impacto social. Ciertos países, y en particular los países del Este, han sido a veces favorables y a veces restrictivos en cuanto al divorcio. La reglamentación legal del divorcio no es muy diferente actualmente en Rumanía, por ejemplo, y en Francia. Aunque más allá de los propios términos de la ley, el divorcio es mucho más difícil de obtener en Rumanía, mientras que, en el presente, en Francia es una práctica sumamente común.

Finalmente, podemos pasar al nivel del sistema. La comparación es entonces más compleja, pero en última instancia menos peligrosa o menos propensa a errores y, cualesquiera sean las diferencias entre los sistemas, parece estar siempre justificada. El sistema, en efecto, existe como un elemento socio jurídico cuyo abordaje, descripción, medición, si así se puede decir, siempre es lícito. Incluso diríamos que la comprensión global del sistema, del que hemos hablado varias veces, es tanto más natural y necesario cuanto más alejado está el sistema. Este será el caso del common law para el romanista, del sistema socialista para el jurista occidental, y de los sistemas del Tercer Mundo tanto para los occidentales como para los juristas socialistas. Por consiguiente, somos lógicamente conducidos ahora a considerar el uso de los diferentes métodos disponibles.

B) — Con respecto *al empleo de los diferentes métodos disponibles*, podemos observar inmediatamente que a cada uno de los niveles que acabamos de considerar, conviene en realidad un método diferente. Sin embargo, también deberíamos preguntarnos si, además de estos niveles determinados, no existen, para ciertas variedades estudios comparativos, métodos igualmente específicos.

Retomemos en primer lugar, nuestra gradación preliminar basada en el nivel de la comparación. A nivel de la regla de derecho, el método, como acabamos de constatar, es ante todo *informativo* o *descriptivo*. Estamos esencialmente aquí, no lo olvidemos, en el campo del derecho extranjero. Se trata de hacer un inventario o confeccionar un catálogo de los mismos. Se observará, por ejemplo, si el sistema de derecho estudiado permite o no la investigación de la paternidad natural y si, permitiéndola, la encierra o no en determinadas condiciones legales estrictas.

A la inversa, y esta vez a nivel del sistema, la información que inicialmente era necesaria, ya no es suficiente. Debe complementarse con una investigación de la estructura, porque lo que importa es, como hemos visto, comprender el sistema en su totalidad desde su origen, su evolución, sus principios fundamentales, sus fuentes, sus procedimientos de aplicación, su espíritu y su sistema general. de valores. Diríamos que en este nivel el método o el abordaje es entonces esencialmente *estructural*.

Si finalmente se trata de la institución, que constituye en cierto modo el nivel intermediario, el abordaje o el método será principalmente *técnico*, si no, incluso en cierto modo tecnicista. Estudiar el trust angloamericano no es describirlo desde el punto de vista de las reglas de derecho, sino demostrar su mecanismo para comprender sus posibles utilizaciones. Lo mismo ocurriría con el contrato o la representación, estas entidades jurídicas fundamentales del sistema romanista.

Distinguiremos por lo tanto el método utilizado y las posibilidades de empleo de cada método según los niveles de la comparación propiamente dicha. Pero ¿no deberíamos ir aún más allá? Las distinciones que acabamos de hacer siguen siendo en gran medida teóricas y casi escolásticas. ¿Qué es exactamente un problema de derecho? Es un problema humano y social que surge de una situación conflictiva, que debe ser resuelta para asegurar la cohesión social y, si es posible, el buen entendimiento y el bienestar de los ciudadanos. El derecho no es entonces otra cosa que el medio por el cual tales conflictos se resuelven pacífica y legalmente. De esto resulta, nos parece, una visión nueva, o al menos una visión particular, del abordaje comparativo.

En lugar de partir de forma abstracta de la regla, de la institución o incluso del sistema, se puede partir, de manera más concreta, de una situación fáctica determinada. Fijaremos entonces de manera precisa el caso humano o social que se plantea y buscaremos la solución en un cierto número de países especialmente elegidos, prestando particular atención a los procedimientos por los cuales cada uno de estos países llega a esta solución. No nos preocupamos, por lo tanto, en un principio, por el sistema, ni por las instituciones o las reglas. Ambos aparecerán durante el estudio y, reunidas las soluciones, buscaremos el porqué, lo cual, con el estudio de campo sociojurídico, constituirá la investigación comparada propiamente dicha. Se trata aquí, de hecho, de *the law in action* y no de *the law in the books*. Por eso este método es llamado a menudo *funcional*.

Sin poder insistir en ello cuanto quisiéramos, contentémonos con indicar que este abordaje funcional fue implementado, en particular, por la Asociación Internacional de Ciencias Jurídicas, en el curso de un estudio de campo dirigido por el desaparecido St. Rozmaryn sobre tres casos concretos: un accidente de trabajo, el problema que se plantea por las enfermedades que afectan al ganado y la contaminación de las aguas por parte de ciertas empresas industriales. El estudio de campo que se llevó a cabo tomando como punto de partida una situación concreta reveló la posibilidad de estudiar el mismo tema en sistemas sociopolíticos totalmente diferentes. También reveló la interdependencia de las ciencias humanas, al permitir un abordaje o un estudio del cual se podría decir, en cierto modo, ultra jurídico. Finalmente, la investigación, para alcanzar eficazmente los objetivos, parece reclamar la doble colaboración de la opinión pública y de los juristas, por un lado, y por otro lado, la de especialistas que pueden provenir de todos los países y de todos los sistemas.

Es comprensible, por consiguiente, que este método funcional sea hoy ampliamente recomendado. Conduce, más o menos directamente, a otros procedimientos de comparación cuyo estudio individual no podríamos abordar detalladamente. Nos limitaremos a señalar de pasada algunas prolongaciones de la misma.

La primera resulta de lo que se llama a veces la interpretación comparativa. Zweigert, en particular, ve en él un método más vivo que el método exegético, histórico, social o dogmático. Para todo punto de derecho, es decir, para cualquier caso concreto de dificultad jurídica a resolver, recurriremos, como acabamos de ver, a datos comparativos del mismo caso en otros derechos. El juez que debe enfrentar esta dificultad particular, se beneficiará entonces de resolverla sobre la base de estos datos comparativos. Sin duda el juez no puede desconocer ni la regla nacional formal, ni los principios generales y fundamentales de su propio derecho. Es evidente también que la interpretación comparativa rara vez da una solución práctica que pueda usarse de inmediato. Pero muchas veces puede indicar una dirección y contribuir a descubrir la mejor solución posible del caso planteado en concreto, que es precisamente el punto buscado.

Esta búsqueda de la solución más útil en la práctica a la vez que más justa en derecho, otorga en ciertos aspectos un carácter clínico jurídico al derecho comparado. Como mínimo veremos un ejemplo de ciencia aplicada; encontramos aquí el abordaje de un caso particular por medio de principios y de métodos previamente definidos por la ciencia general del derecho comparado. Desde un punto de vista próximo hemos podido cotejar el método funcional, del que acabamos de hablar, con la noción de *topik*, tal como la desarrolló Theodore Viehweg, por ejemplo. El "topik", como técnica de razonamiento aplicada a un problema concreto tiene, según se dice, la ventaja de ayudar al juez, en el silencio de la ley, a encontrar una solución sin caer en la arbitrariedad. Sin entrar en los detalles de esta teoría, podemos advertir que constituye un abordaje tanto jurídico como sociológico de las situaciones de conflicto; reemplaza la observación de las reglas por la reflexión sobre los problemas. Ahora bien, solo la investigación comparativa permite una auténtica confrontación de las soluciones; y solo ella permite también una elección razonada entre las soluciones cuyo catálogo ha confeccionado. Será conveniente pues, determinar la eficacia probable, o simplemente posible, en otro país o en otro entorno. Estamos, en consecuencia, ante esta combinación de análisis, pronóstico y tratamiento que es propia del examen clínico.

El abordaje funcional, sin embargo, no puede limitarse a este aspecto de la clínica judicial. En efecto, se sitúa en un plano más general cuando se lo utiliza en las confrontaciones bilaterales que hemos tenido oportunidad de señalar al pasar y sobre las que debemos volver en breve. De hecho, en nuestra opinión, ilustran muy bien las ventajas del método funcional. Ante la creciente complejidad tanto de los problemas a resolver como de las legislaciones que intentan proponer soluciones, surgió la idea de centrar las comparaciones en dos sistemas o en dos legislaciones solamente. La ventaja es ir más allá del exclusivismo particularista sin caer en un universalismo ilusorio. De este modo, se mantiene en presencia, como una realidad dada, el sistema nacional de los participantes de cada comparación, al mismo tiempo que se detectan y se explican las similitudes y las diferencias. Estas comparaciones bilaterales han sido especialmente desarrolladas en Francia en los estudios recientes

de derecho internacional privado comparado. Este método es también el que practican hoy las Jornadas Jurídicas de la Sociedad de Legislación Comparada. Estas Jornadas Bilaterales tienen por objeto estudiar tres materias específicas escogidas en las diferentes ramas de la ciencia jurídica (derecho público, derecho privado, derecho penal, por ejemplo) entre dos países cuyos representantes, en pequeño número, se reunirán para exponer mutuamente las soluciones de su propio derecho sobre cada uno de los problemas estudiados, e informar sobre la posición, respecto de cada uno de los temas seleccionados, del sistema tomado como objeto de comparación. Esta confrontación bilateral - que ha resultado especialmente instructiva entre el derecho francés, tomado como una especie de derecho occidental típico, y el derecho de los países del Este - constituye también una comparación funcional. Efectivamente, se trata siempre de identificar las soluciones dadas a un problema actual especialmente delimitado para este fin. Nuevamente desde este punto de vista, los métodos del derecho comparado moderno aparecen, así como los métodos mismos del derecho vivo.

VIII

SIGNIFICACIÓN ACTUAL DEL DERECHO COMPARADO

Llegando nuestras explicaciones a término, nos encontramos por fin en condiciones de responder quizás a nuestra pregunta introductoria, de la cual dijimos, en nuestra primera presentación, que la respuesta únicamente podía darse, con pleno conocimiento de causa, solo en la conclusión de nuestro estudio: ¿cuál es la significación actual del derecho comparado? Decimos bien: significación *actual*, es decir liberado de las teorías, de las controversias y también de las fluctuaciones del pasado, incluso el pasado reciente: significación para los hombres de hoy, para los juristas, teóricos o prácticos, que exponen, aplican o pretenden perfeccionar el derecho de su tiempo y para todos aquellos que, por vocación o necesidad, recurren a la investigación jurídica comparativa. Quisiéramos, en definitiva - después de haber examinado en detalle los diversos aspectos presentes y los diferentes problemas que se plantean en esta investigación comparativa - preguntarnos claramente: ¿adónde estamos? Interrogante general que se subdivide en tres preguntas particulares: ¿por qué continuar haciendo o incluso por qué practicar más que nunca el derecho comparado? ¿Cómo se comprende actualmente su estudio y en qué sentido dicho estudio se encuentra hoy facilitado? Finalmente, ¿hacia qué tiende y a qué conduce esta investigación, desde el punto de vista de las preocupaciones y de las necesidades de nuestro tiempo? Tratemos de retomar rápidamente cada uno de estos tres puntos.

1. Necesidad actual del examen comparativo de los derechos

Preguntarse por qué conviene practicar, hoy especialmente el derecho comparado, es procurar saber en qué es necesario actualmente este aspecto de la ciencia jurídica. Ya no se trata, pues, del desarrollo habitual y corriente sobre el interés y las ventajas del derecho comparado en general. Quisiéramos poner de manifiesto con total claridad que aquello que se consideraba como un complemento útil del derecho nacional, como una curiosidad o una comprensible preocupación por las realidades externas, o incluso en ocasiones, como un pasatiempo deseado por el diletante, se ha convertido para el jurista de hoy en una necesidad ineludible. A partir de este estado de cosas, tratemos de comprender tanto las causas como las consecuencias.

Las causas, después de lo que ya se ha dicho, son fáciles de discernir. El mundo actual, ya sea que viva en la confrontación o en la coexistencia, es un mundo donde los hombres, los Estados, las civilizaciones no pueden replegarse en sí mismos, ni negar los intercambios ni, en consecuencia, desdeñar u omitir conocerse. Los bloques políticos confrontan diferentes familias de derecho, pero también vemos nuevos bloques o nuevas agrupaciones —los de África y Asia, e igualmente el bloque de los países musulmanes apartados, pero no del todo desvinculados, del antiguo islamismo jurídico— superar y hasta cierto punto, mezclar los sistemas tradicionales. Esta amalgama jurídico internacional, con las comparaciones que ésta impone, se basa en la confrontación de los derechos. El derecho comparado, es decir, la comparación de los derechos, se convierte así en una realidad viva.

A esta situación de facto se suman nuevas situaciones de derecho, marcadas por un doble esfuerzo concertado de coordinación. En el plano internacional o, si se prefiere, universal, recordemos la acción concertada de los principales Organismos interestatales. En primer lugar, las Naciones Unidas, cuyo Consejo económico y social estimula tantas actividades de coordinación jurídica y donde la Comisión de los Derechos Humanos, por un lado, y la Sección de Defensa Social, por el otro (con sus Congresos quinquenales sobre la prevención del delito y el tratamiento de los delincuentes), brindan numerosas oportunidades para la investigación y los encuentros comparativos. Pensemos también en la contribución de la Organización Internacional del Trabajo, la Organización Mundial de la Salud, la Unesco, sin contar el trabajo comparativo y de coordinación de varias organizaciones no gubernamentales importantes dotadas de estatus consultivo, en particular las grandes sociedades científicas especializadas en los problemas de derecho, ciencias sociales o criminología. A nivel regional, hemos visto que los logros no fueron menos importantes, desde la Unión Nórdica hasta América Latina y desde los países del Este hasta los esfuerzos concertados de Occidente, con el advenimiento y luego el desarrollo de las Comunidades Europeas.

Las consecuencias de este doble fenómeno no son menos importantes. Sin pretender hacer un inventario completo de estas, puesto que sería necesariamente muy largo, y para agrupar, de manera sintética, los elementos cuyo análisis ya hemos presentado, limitémonos a tres observaciones que subrayan la influencia de la investigación - e incluso de la preocupación — comparativa hoy sobre la ciencia del derecho. Tales observaciones se refieren sucesivamente a la posición respectiva de los sistemas, al estudio científico de estos mismos sistemas y, finalmente, a la internacionalización de los conceptos jurídicos resultantes de estos estudios.

En primer lugar y en cuanto se refiere a la posición respectiva de los sistemas, el derecho comparado moderno parece traernos un doble correctivo a las anteriores oposiciones.

a) Hasta la Segunda Guerra Mundial hubo una suerte de supremacía romanista. Ciertamente, el *Common Lawyer* estaba, por su parte, persuadido de la superioridad de su sistema; pero este sistema —por la actitud misma de los "common lawyers"— estaba aislado, singular y singularizado y, en la comunidad universal de los juristas - como lo demostraban las Conferencias Internacionales - los métodos, los procedimientos y la terminología romanistas conservaban una prioridad indiscutible. Con el desarrollo del derecho americano y la irrupción, en el campo jurídico internacional, del sistema de las Democracias populares, luego con las investigaciones, las experiencias -y las inquietudes- legislativas del Tercer Mundo, llegamos a la igualdad científica de los sistemas. A la decadencia política de Europa corresponde una decadencia de la influencia, o en todo caso de la preeminencia, del derecho romano.

b) Al mismo tiempo, la división (o incluso la separación o la oposición) de los sistemas pierde su rigidez y lo que podría llamarse su "impermeabilidad". La clasificación, aquí nuevamente, se había establecido sobre criterios mayoritariamente romanistas y sobre una concepción civilista del derecho; porque fueron sobre todo los privatistas quienes la habían identificado refiriéndose, con toda naturalidad, a sus concepciones tradicionales. Ahora nos damos cuenta de que las oposiciones observadas entre los sistemas - muy fuertes en el campo del derecho privado, e incluso en muchos aspectos del derecho penal - valen mucho menos en el plano del derecho público, y realmente muy poco en el plano del derecho social, del derecho penal, o del derecho laboral. Así, desde el punto de vista constitucional, Alemania Federal está más cerca de Estados Unidos que de Francia, e Inglaterra se encuentra más cerca de Francia que de Estados Unidos.

En segundo lugar, en cuanto al estudio científico de los sistemas se refiere, hemos visto que el método comparativo moderno lo entiende como una comprensión global del derecho extranjero, según un abordaje funcional. De allí surge por consiguiente que la supremacía de la técnica jurídica, indiscutida a finales del siglo XIX y principios del XX, hoy se ponga en tela de juicio. Procedía también en gran medida de la tradición romanista y de una concepción civilista de la ciencia del derecho. La dogmática alemana tenía estrechos vínculos con la Escuela de los Pandectistas; y en

Francia, controversias como las relativas a la naturaleza del derecho real (¿no se trataba, según Planiol, de una "obligación pasivamente universal"?), sobre la noción de causa en las obligaciones civiles (Henri Capitant), sobre la justificación teórica de la inoponibilidad de las excepciones en materia de efectos de comercio (Thaler) solo eran, en el fondo, especulaciones de puros teóricos del derecho. Al estudiar cómo se resuelven estos problemas en otros lugares - cómo, incluso, pueden ser ignorados en otros lugares sin dañar el sistema - comprendimos que, en palabras de Arminjon, Nolde y Wolff, muchas de estas doctrinas continentales fueron "construidas sin sopesar suficientemente los hechos" y sin considerar el peligro de confundir la técnica jurídica con la naturaleza de las cosas. Ahora bien, son estas sutilezas técnicas las que ayer separaban en el sentido más profundo los sistemas y permitían admitir demasiado rápidamente que los derechos que ignoraban o rechazaban ciertas técnicas no eran "comparables" con los derechos de un alto tecnicismo tradicional. La concepción moderna del derecho comparado tiende a eliminar, o al menos a reducir, estas antiguas barreras.

c) Finalmente, una última consecuencia del desarrollo moderno del derecho comparado y de los datos internacionales de este desarrollo reside en la creciente internacionalización de los conceptos jurídicos. Aquí, nuevamente, el reconocimiento de la equivalencia de las instituciones y el empleo del método funcional reúnen a juristas pertenecientes a sistemas diferentes e incluso a sistemas opuestos; y la aparición de disciplinas de índole y alcance interestatal como el derecho del espacio o el derecho atómico favorece aún más e incluso tiende a precipitar esta internacionalización. En determinadas materias, en las que la cooperación internacional se impone en la base, se crea así una terminología jurídica común. En otros lugares, y en la medida en que las relaciones se hacen más frecuentes y más confiadas, se produce una armonización de los conceptos y un intercambio cada vez más natural de las nociones jurídicas que también se asemejan a un lenguaje común. Sin hablar de los encuentros que la Organización de las Naciones Unidas favorecen o promueven, recordemos lo que hemos dicho del nuevo carácter de la unificación de los derechos: en la medida en que ya no buscamos solamente establecer "leyes uniformes", en el sentido un tanto clásico de la expresión, existe una tendencia a lograr una armonización de los derechos mediante una progresiva estandarización de los conceptos básicos.

Así podemos ver *por qué* el derecho comparado se impone hoy más que nunca. Preguntémonos, por consiguiente, cómo se realiza hoy la investigación comparativa y de qué nuevos medios se dispone.

2. Medios y nuevos resultados de la investigación comparativa

No tendríamos que volver sobre la manera en que debe entenderse y conducirse la investigación comparativa si no tuviéramos que insistir aquí más particularmente en las nuevas facilidades que ahora se ofrecen a los comparatistas y si no tuviéramos que precisar en qué, hoy más que ayer, tal investigación es susceptible de conducir a resultados efectivos.

A) — Vienen en primer lugar las nuevas posibilidades — no es necesario volver a explicarlo en detalle, pero no hay que olvidarlo — de la creación y del desarrollo de todos los organismos internacionales que, tanto a nivel regional como global, actúan en favor de la cooperación jurídica comparativa. Estas posibilidades encuentran su origen, además, en el hecho de que los comparatistas disponen hoy de medios de estudios, investigaciones y confrontaciones que se desarrollan en dos direcciones principales.

La primera es la de la enseñanza del derecho comparado. Esta enseñanza está ahora sólidamente establecida en los países con una cultura científica desarrollada. Las formas, las modalidades las ratificaciones de esta enseñanza varían obviamente de un país a otro, y a veces de una universidad a otra en el mismo país. También se discute mucho, ya veces en exceso, acerca de saber en qué etapa de los estudios jurídicos conviene impartir dicha enseñanza y cuál debe ser su programa. ¿Debe, en particular, concebirse ante todo como una introducción a los diferentes sistemas existentes? ¿Debería, por el contrario, concentrarse más bien en una materia especialmente escogida - y de vocación comparativa como el derecho de los contratos, por ejemplo - que luego será examinado a la luz de las posiciones particulares de varias legislaciones? En tal caso, solo será eficaz dirigirse al público que ya tienen un conocimiento preciso de la técnica jurídica e incluso soluciones de su derecho propio para el problema examinado.

La controversia en sí misma puede parecer bastante vana. En primer lugar, porque cualquiera sea la pretensión, un "curso de derecho comparado", en la actualidad, depende siempre en su estructura, alcance y objeto, de la personalidad, la formación y las elecciones personales de quien esté a cargo del mismo. Además, si el curso tiene lugar al comienzo de los estudios jurídicos, puede estar referido - lógica y útilmente - solo con la configuración general de los grandes sistemas; en cambio, la presentación comparativa de un tema técnico (como la formación de los contratos o el control jurisdiccional de la administración) obviamente solo puede ser abordado más adelante. Tal vez, lo ideal sería combinar los dos métodos. En el mundo actual, es ciertamente extraño que el jurista principiante pueda ignorar durante mucho tiempo - la experiencia enseña que este ni siquiera lo sospecha - que existen otros sistemas distintos de aquel cuyo estudio está emprendiendo. Sería deseable que se le informara desde el principio que hay comunidades sociales - muchas veces muy cercanas a aquella en la que él vive - que están regidas por otros cuerpos de derecho y se esfuerzan por resolver sus litigios. Pero también sería útil que, provistos al menos de un bagaje elemental, se les invitara a comparar las soluciones —o las posiciones— de su propio derecho con las de ciertos derechos extranjeros sobre tal o cual materia determinada.

Sea como fuere, la enseñanza del derecho comparado ha experimentado, desde principios del siglo XX, particularmente desde el final de la Primera Guerra Mundial, un desarrollo considerable que no cesa de crecer en la actualidad. Los datos estadísticos, fáciles de recopilar, pero demasiado largos para exponerlos, mostrarían con fuerza la curva ascendente. Contentémonos con constatar que esta generalización de la enseñanza del derecho comparado constituye una importante facilidad para la ciencia jurídica comparativa moderna.

Una segunda opción, quizás más significativa aún, que se ofrece a aquellos que deseen realizar investigaciones en derecho comparado, es el resultado de la actual proliferación de institutos especializados. Recordemos que el primero fue creado en Lyon, tras la firma de los tratados de paz de 1919, por este gran pionero que fue Edouard Lambert. El ejemplo fue seguido rápida y universalmente, lo cual resultó en consecuencia en una imitación considerable en los estudios legales comparados. Es cierto que no todos estos "Institutos de Derecho Comparado", según la expresión más común, tienen la misma envergadura, y la estructura puede ser muy diferente según los casos. Algunos no representan, hay que reconocerlo, más que un cartel atractivo, muchas veces más rico en esperanzas que en realizaciones. Otros representan sobre todo la consagración oficial de una acción personal, la de un comparatista inspirado en el estudio, a menudo de gran renombre, rodeado de colaboradores cualificados que él mismo ha escogido. La mayoría, finalmente, oscila entre una triple tarea; — documentación, — investigación, — y docencia. Los mejor provistos se esfuerzan por llenar las tres funciones; los menos dotados se ven reducidos a elecciones difíciles. En todo caso, la documentación sigue siendo, y debe seguir siendo, la principal preocupación de un verdadero Instituto de Derecho Comparado; porque el éxito de toda investigación comparativa depende en primer lugar, de la documentación adecuada; y ninguna enseñanza del derecho comparado puede entenderse sin un amplio acceso a las fuentes y una información precisa sobre el derecho extranjero. La recolección de dicha documentación, las especializaciones necesarias, la clasificación material y el minucioso examen científico de los documentos recibidos plantean problemas delicados y complejos sobre los que no podemos insistir, pero que son de extrema importancia. Baste decir, en resumen, que nunca sería demasiado el cuidado dedicado.

Tampoco podemos emprender aquí la enumeración detallada ni la exposición de la actividad de estos centros de estudios comparativos, en sus formas ni bajo sus diversas denominaciones. Señalemos solamente que el problema de la organización y de los objetivos de los Institutos de Derecho Comparado es esencial para el futuro de la comparación de los derechos. Fue especialmente estudiado por un Coloquio de la Asociación Internacional de Ciencias Jurídicas, organizado a tal efecto en Munich en 1954 al que nos permitimos referirnos porque muchas de las conclusiones de este encuentro continúan aún siendo válidas. Es cierto que la cuestión merecería ser retomada, sobre todo porque, desde esa fecha, el movimiento se ha desarrollado considerablemente: en 1954, el derecho comparado estaba todavía prácticamente proscripto en los países del Este, aunque afortunadamente, desde hace quince años, se ha establecido y afirmado allí. Citemos a este respecto la actividad del Instituto de Derecho Comparado de Belgrado, que celebró con notoriedad su décimo aniversario en 1966; y la del Instituto de Ciencias Jurídicas de Hungría, que organizó en Budapest en 1969 un importante Coloquio de Derecho Comparado. Por su parte, el Instituto del Estado y del Derecho de la Academia de Ciencias de la U.R.S.S. comprende ahora tres secciones que tratan respectivamente: una, de la comparación dentro de los distintos países socialistas; otra, de la evolución del derecho de los países "burgueses"; y la tercera, de las instituciones de los nuevos países de África y Asia. Vemos que el movimiento es ahora universal, porque no se trata de contar y menos de clasificar los Institutos de Derecho Comparado en occidente, muchos de los cuales son notables centros de actividad científica. Tampoco olvidemos que el Instituto Japonés de Derecho Comparado de la Universidad Chuo también ha celebrado su décimo aniversario en 1961, con una notable publicación colectiva a cerca de *Los problemas contemporáneos del derecho comparado.*

Detengámonos un momento en esta noción de trabajo colectivo. Una de las grandes ventajas de los Institutos —o de los organismos bien estructurados dedicados a la investigación jurídica comparativa— es precisamente posibilitar, junto a iniciativas o estudios individuales, que pueden también incentivar, un verdadero trabajo en equipo. Ahora bien, son los equipos de trabajo los que brindan hoy las contribuciones más útiles a la ciencia del derecho comparado. La complejidad de las fuentes a las cuales es necesario recurrir, la extensión y la diversidad de la documentación que requiere el concurso de varios especialistas, las dificultades lingüísticas y la necesidad de obtener información, tanto sobre las particularidades técnicas como sobre la realidad global de los sistemas tomados como la base de la investigación, imponen cada vez más la participación conjunta de un número más o menos importante de investigadores. Los encargados del estudio de campo tendrán entonces la doble tarea de establecer desde el principio una cuidadosa división del trabajo y luego asegurar su rigurosa coordinación. Indudablemente, tales equipos pueden ser reunidos por iniciativa de una sola persona, que deberá entonces disponer de los medios materiales necesarios para llevar a cabo su empresa; pero es claro que las cosas se facilitarán significativamente dentro de un instituto que disponga ya de medios asegurados, y que posea sus funcionarios, su centro de documentación, sus colaboradores habituados a trabajar juntos, y sus corresponsales titulados.

Añadamos, sin poder insistir más en ello, que los institutos o centros de investigación, al igual que los grandes organismos internacionales, pueden ahora, y podrán hacerlo aún más en el futuro, poner a la disposición de los investigadores nuevos medios de documentación e investigación. En nuestro siglo de mecanización y automatización, los progresos de la ciencia acuden en ayuda del jurista y el ordenador le ofrece su memoria infalible y sus posibilidades prácticamente infinitas de clasificación, y selección. La documentación ya no es solo una cuestión de bibliotecas y de archivos y la comparación podrá utilizar todo lo que habrá sido "memorizado" por la máquina: leyes, reglamentos, convenciones internacionales, decisiones de los tribunales, opiniones doctrinarias. La *informática* acude, se podría decir, en auxilio del derecho comparado. Ciertamente, la intervención del ordenador en la investigación plantea problemas delicados que con razón han llamado la atención de los comparatistas modernos; porque se discute en orden a qué podemos esperar de esta memoria electrónica, a la manera de "alimentarla", a la creación de su vocabulario. Varios métodos, e incluso varias Escuelas se enfrentan y los problemas de la técnica, y sobre todo del lenguaje, son aún más difíciles en el plano internacional donde, no obstante, deben situárselos desde el punto de vista comparativo: ¿no es conveniente, en particular, considerar y tratar de desarrollar centros informáticos internacionales, y tal vez, regionales en primer lugar? Problemas como los que plantea el uso de la informática demuestran en su conjunto la diversidad de los medios disponibles para los comparatistas y la complejidad de las técnicas que les son ofrecidas. Esto acentúa aún más la necesidad de recurrir sistemáticamente al trabajo en equipo, realizado en el marco de Organismos dotados de las herramientas adecuadas. La eficacia del trabajo comparativo se vuelve así, cada vez más, dependiente de una infraestructura de equipamiento colectivo.

B) — Provista de tales medios la investigación comparativa puede, incluso mejor que en el pasado, obtener resultados positivos. Estos son los resultados que deberíamos ahora evaluar. Sin embargo, hay que renunciar a ello, porque sería ilusorio pretender hacer un inventario en unos instantes. Solo podemos constatar que nunca antes los estudios comparativos han sido más activos ni más atentos a las realidades concretas de la vida jurídica. Unos pocos ejemplos, elegidos casi al azar, bastan para ilustrar rápidamente esta afirmación. En ciertos centros se pone a disposición de los especialistas documentación rigurosamente seleccionada sobre determinadas materias especialmente escogidas, como lo hace el Instituto Angelo Saffra de Derecho Comparado, Derecho Comercial, Derecho Industrial y Derecho Laboral de la Universidad Comercial Luigi Bocconi de Milán; en Estados Unidos, se han emprendido esfuerzos, también muy concretos, para poner en contacto a los Common Lawyers con el sistema romanista tal y como funciona en la actualidad. El Decano Roscoe Pound, elogiando el trabajo realizado en este sentido por A. T. Von Mehren, destacaba que este hablaba "del estudio comparado de los derechos más que del estudio del derecho comparado". Por su parte, dando un notable ejemplo de trabajo en equipo, R. B. Schlesinger presentó, como General, *Editor,* un extenso estudio de campo realizado por eminentes juristas de ambos lados del Atlántico sobre la formación de los contratos, con la intención de lograr el "núcleo común" (*common core)* de los sistemas examinados. En París, la Sociedad de Legislación Comparada prosigue metódicamente estas confrontaciones bilaterales antes mencionadas, que permiten comparar ya sea sistemas próximos (Jornadas franco-italianas, franco-latinoamericanas, franco-alemanas), ya sea sistemas diferentes (Jornadas franco-inglesas). o sistemas de estructuras opuestas (franco-yugoslavas, franco-polacas, franco-rumanas, franco-húngaras, franco-soviéticas). Finalmente, en Hamburgo, el Max-Planck-Institut, cuya reputación es bien conocida, concluye una vasta *Enciclopedia de Derecho Comparado* que, en dieciséis volúmenes, ofrecerá en lengua inglesa un panorama de los principales temas de derecho privado y de los problemas generales que interesan a la ciencia jurídica comparativa.

Este ambicioso trabajo, emprendido por iniciativa del Comité Internacional de Derecho Comparado (órgano director de la Asociación Internacional de Ciencias Jurídicas), pretende sin embargo tener un alcance modesto. No se presenta como una obra definitiva, ni siquiera como el punto final de una investigación tendiente a presentar la síntesis, de algún modo fija, de los temas tratados. Más bien, desea ser el punto de partida para futuras investigaciones para las cuales constituiría una herramienta de trabajo cuidadosamente desarrollada. En este sentido, además, el director del Max-Planck-Institut, Zweigert, ha publicado (en colaboración con Kôtz) una obra de introducción al derecho comparado, cuyo volumen II —que apareció primero— está dedicado al examen comparativo del derecho de las obligaciones en el sistema romanista y en el sistema del common law: los otros sistemas, y en especial el de los países socialistas, son deliberadamente dejados de lado. Esta forma de proceder es indicativa de una cierta concepción, o más exactamente quizás de un cierto estado de la investigación comparativa *moderna*. El estudio tampoco pretende ser exhaustivo ni definitivo. Constituye un ejemplo - y a decir verdad, un modelo - de estudio de campo sistemático de derecho comparado moderno. En cierta medida, el comparatista ya no aspira, como querían los pioneros de principios de siglo, a descubrir una verdad universal que fijaría de manera durable en sus rasgos esenciales: su ambición es ante todo acudir en ayuda de otros comparatistas para animarlos a emprender más investigaciones.

Si quisiéramos otro ejemplo de este razonamiento cauteloso, avanzando paso a paso, pero esta vez situándonos resueltamente en la comparación Este-Oeste, lo encontraríamos en los dos Coloquios organizados por la Asociación Internacional de Ciencias Jurídicas, sucesivamente en Chicago en 1957, y en Varsovia en 1958 sobre la noción de legalidad en los países occidentales, luego en los países socialistas. Es significativo, en relación con el primero de estos Coloquios, referirse a las observaciones disidentes, pero no tan divergentes [excepto sobre el método o el alcance, pero no sobre el contenido de la investigación] presentadas por un eminente comparatista inglés, Hamson, de Cambridge, y por un gran jurista polaco, Rozmaryn. El estudio comparativo concreto ha permitido, nuevamente aquí, identificar primero ciertos puntos comunes o ciertas líneas comunes, que son como la imagen comparativa de los sistemas occidentales (romanista o common law) sobre el problema examinado. Estos son: la afirmación de *rule of law* o de *Rechtsstaat* per se; el reconocimiento de un conjunto de principios generales que dominan el sistema y de los que pueden inspirarse los intérpretes, la existencia de un juez independiente y la exigencia de un procedimiento regular [público, contradictorio, que garantice los derechos de la defensa y conduzca a una sentencia deliberada], la organización de un control [si fuera posible, jurisdiccional] de la Administración, y el respeto en el plano civil de los derechos esenciales de la personalidad. Por el contrario, podrán no aparecer como esenciales las disposiciones o las instituciones (y, respecto de ellas, de un país a otro, las divergencias) relativas al estatuto de los magistrados, a las formas locales de procedimiento [presencia o no de un jury, juez único o colegialidad, organización del Ministerio Público, institución de *the cross-examination*, posibilidad de que los jueces hagan conocer sus opiniones disidentes], a la existencia de tribunales administrativos, al control de la constitucionalidad de las leyes, a la existencia de una Constitución escrita rígida. El mismo trabajo de prospección comparativa puede establecerse ulteriormente para los países de Europa del Este [con el examen especial de nociones tales como la de "legalidad socialista"], y a partir de este doble examen Este-Oeste podrá distinguirse una "comparación contrastada" de *the rule of law* en los tres grandes sistemas objetos de la comparación.

Es fácil ver qué consecuencias pueden extraerse a nivel metodológico de los resultados así obtenidos. El problema ya no es, como ayer, buscar una unidad subyacente de la que luego resulte la deseada unificación: se trata de comprender la economía, el funcionamiento positivo y el respectivo equilibrio de los sistemas. A esto puede llevar la investigación comparativa cuando, conducida según el método funcional, se convierte en lo que a veces se ha llamado derecho comparado en acción. Ya estamos alcanzando el resultado final y el verdadero sentido de esta investigación; aquí es donde debemos concluir.

3. ¿Cuál es la tendencia del derecho comparado contemporáneo?

El problema que abordamos, o más exactamente, que redescubrimos aquí, es saber hacia dónde tiende en última instancia este derecho comparado moderno, sobre cuyos caracteres hemos tratado de llamar la atención. Nuevamente en este sentido, los resultados del balance son en gran medida positivos. Para limitarnos a lo esencial, señalaremos simplemente que este "derecho comparado en acción" parece orientarse en tres direcciones principales.

Ante todo quizás, y como lo demuestran nuestros últimos ejemplos, el derecho comparado examinado como lo hemos hecho hasta ahora, despeja y permite comprender la política jurídica de los diferentes países. Tan pronto como superamos la yuxtaposición de reglas de derecho, tan pronto como nos proponemos ir más allá de la descripción o del análisis estático de las instituciones, tomamos conciencia del dinamismo legislativo y pensamos el derecho en términos de movimiento. Un sistema jurídico vivo está en constante evolución; y, si el "derecho de los juristas" tiende a asegurar la estabilidad de las relaciones jurídicas, el derecho del ciudadano, del justiciable, del "sujeto de derecho" tiende a adaptarse constantemente a las fluctuaciones de la vida económica y social. De ahí la complejidad de *the law in action*, cuya natural propensión es ir a cada instante más allá de las reglas escritas. Esta es una de las grandes lecciones del derecho comparado en su aspecto funcional, institucional u operativo. Muestra la nueva importancia que, junto al derecho normativo, van tomando los standards, los hábitos y sobre todo las costumbres locales o profesionales: los peritos, designados por los jueces, se refieren cada vez más a ellos y su rol parece ir en aumento, no solo como manda la tradición, en el campo de las relaciones comerciales, sino en materia de alquileres, de construcción inmobiliaria, de ejercicio de las profesiones. Todos estos elementos activos se integran en una política jurídica que también desborda el marco, no solo de las normas codificadas, sino incluso de lo que suele entenderse habitualmente por el término política legislativa.

Al mismo tiempo, y correlativamente, el derecho comparado nos permite percibir las grandes corrientes legislativas, o más exactamente las grandes corrientes reformadoras en su acción internacional. Algunas nociones, ya presentadas, ilustran acerca de este concepto. Así, el desarrollo de los bienes reservados de la mujer casada, en su dinámica expansión, o la reaparición en el derecho moderno de la antigua *adoptio plena* del derecho romano se refieren menos a instituciones que deben aislarse para el análisis que a manifestaciones de una evolución y de una adaptación del derecho a nuevas condiciones y necesidades sociales; encontramos allí la consecuencia, en términos de derecho, del movimiento de emancipación de la mujer o de la constitución de la familia adoptiva moderna. El derecho comparado ilustra de este modo la vigencia actual de la antigua máxima *ex facto jus oritur*. Nos da igualmente la posibilidad de medir la potencia de acción de estas corrientes reformadoras sobre los diferentes sistemas disponibles o de discernir la previsible imitación de ciertas experiencias tendientes a satisfacer necesidades aún no satisfechas por las instituciones existentes y que se hacen sentir, de manera prácticamente idéntica entre países que experimentan el mismo desarrollo industrial, económico y social. En este sentido, podemos decir que el derecho comparado, institucional o funcional, conduce a una verdadera prospectiva legislativa o jurídica.

Finalmente, de todo lo dicho resulta una vez más que el derecho comparado es a la vez un medio y una expresión de la cooperación internacional en el plano jurídico. Es claramente una expresión de ello, como lo demuestran los resultados de los Coloquios de Chicago y de Varsovia sobre las concepciones —occidental y socialista— de la legalidad. Es un medio para hacerlo, ya que es a través de la investigación comparativa, llevada a cabo en común, que juristas de diferentes países, e incluso de sistemas fundamentalmente divergentes, llegan normalmente —casi se atrevería uno a decir necesaria o inevitablemente— a cooperar. Una vez más, este será el caso especialmente cuando se emprendan trabajos conjuntos para tratar de resolver nuevos problemas o de responder a necesidades que requieran remedios que no ofrecen las reglas o las viejas instituciones. Este es el caso de una serie de interrogantes que esclarece la confrontación de los esfuerzos realizados y los logros obtenidos; y basta aquí con citar -fuera del ámbito del derecho laboral o de la seguridad social- problemas tan actuales y tan universales como los del medio ambiente, de la circulación en rutas o de la protección de la intimidad personal y de la vida privada. A este *right of privacy* discutido por los autores angloamericanos responden, en Francia, nuevas disposiciones penales de la ley del 17 de julio de 1970 tendientes a reforzar la garantía de los derechos individuales de los ciudadanos. No es, por lo tanto, sin razón que el estatuto de la Unesco otorga a este organismo el objeto de promover el conocimiento y la comprensión mutuos de las Naciones mediante el empleo del método comparativo.

Tal vez no sea simplemente de hoy nuestro interés en exaltar el rol del derecho comparado en el mantenimiento de las relaciones pacíficas entre los pueblos. Este es incluso al parecer, un tema algo trillado, expuesto en el marco de conferencias internacionales o en congresos de derecho comparado, en sus discursos de apertura o en el banquete de clausura. Más allá de lo que ya se ha dicho cien veces, debemos ver, no obstante, el alcance completo de las nuevas perspectivas. La buena voluntad, en toda circunstancia incontestable, de los comparatistas, el clima de La Haya de los años 1900, incluso la coexistencia, aceptada o razonada de 1960, ya no bastan. La Asociación Internacional de Ciencias Jurídicas, extensión, como sabemos, del Comité Internacional de Derecho Comparado creado bajo los auspicios de la Unesco inmediatamente después de la última guerra, ha recibido en sus estatutos la misión de incentivar "el desarrollo de las ciencias jurídicas en el mundo, a través del estudio de los derechos extranjeros y el empleo del método comparativo". Su objeto último (agregan los mismos estatutos) es "promover el conocimiento y la comprensión de las naciones". Conocimiento y comprensión: dos nociones claves, se podría decir, del comparatismo moderno. Tan pronto como uno toma conciencia de la existencia simultánea de sistemas jurídicos diversificados, se da cuenta de que el estudio comparativo se ha convertido en una necesidad y que presupone una cooperación no menos necesaria entre los juristas de los diferentes países, sin importar cuales fueran las diferencias estructurales de sus respectivos sistemas. La misión del derecho comparado no es entonces establecer, desde el exterior, una unificación interna de los grupos de legislaciones "comparables", ni -mucho menos aún- formular juicios de valor entre tipos de legislaciones no estricta y directamente comparables. El filósofo o el historiador del derecho podrán proceder luego a hacer tales evaluaciones cualitativas; el comparatista podrá rechazarlas en la medida en que superen el marco de este saber y de esta comprensión. Lo cual, por supuesto, no impide que el usuario del método comparativo busque, a través de un estudio objetivo de los sistemas en acción, identificar la mejor solución [es decir, la más adecuada social y humanamente] a un problema determinado, en un contexto sociocultural definido.

El derecho comparado revela de este modo la relatividad del derecho nacional existente. Anima pues, a ir más allá de la simple formulación de la norma escrita como única consideración del derecho territorial o de la técnica jurídica particularista. A partir de entonces, autores como Stammler desde 1911 o Del Vecchio han demostrado que, a través del estudio comparativo, el derecho nacional aparece como una expresión particular y por lo tanto limitada de la idea fundamental de derecho. *Lex multiplex, jus unum,* reza la máxima del Centro Francés de Derecho Comparado, recobrando de este modo - para adaptarla a las modernas condiciones de investigación - la doctrina esencial de los fundadores de la Escuela universalista francesa, Saleilles, Lambert y Lévy-Ullmann. En América, a su vez, Roscoe Pound e Yntema —entre otros— han insistido en la manera en la que el estudio comparativo puede, más allá de un provincialismo primario, permitir acceder a las dimensiones internacionales del derecho y a la noción fundamental, universal por ser humana, de justicia. En Europa del Este, juristas tan destacados como el desaparecido Rozmaryn en Polonia, W. M. Tchikvadze en la U.R.S.S. e I. Szabo en Hungría, los profesores Knapp en Checoslovaquia y Blagojevic en Yugoslavia, A y T. Ionasco en Rumania han señalado tanto la necesidad actual de diálogo como el notable valor cultural de la confrontación entre sistemas estructuralmente diferentes. El derecho comparado moderno desarrolla, por lo tanto, a través de un *consensus* general, una vocación, y también un espíritu universalista. Su misión final, en la medida en que va más allá de los tecnicismos nacionales e incluso de los particularismos regionales, es tal vez la de servir como expresión de la conciencia jurídica universal, o al menos —cualesquiera sean sus regímenes autónomos de organización o sus ideologías— hacer emerger la conciencia jurídica de las Naciones que han evolucionado y alcanzado un nivel análogo de civilización, en un momento dado de la historia de la humanidad.

NOTAS BIBLIOGRÁFICAS

Las indicaciones siguientes no tienen la ambición de constituir una bibliografía exhaustiva, y menos aún una bibliografía selectiva —que queda por establecer— de los estudios de derecho comparado. Su finalidad, mucho más limitada y más modesta, es la de recordar, para cada capítulo, las obras, artículos o estudios de referencia relacionados directamente con el tema tratado en tal capítulo o que hayan sido allí objeto de una mención particular. Parece necesario, sin embargo, señalar primero globalmente las obras y las recopilaciones esenciales que constituyen la base de una introducción general al derecho comparado, y que tratan los temas abordados prácticamente en las diferentes partes de esta exposición general.

BIBLIOGRAFÍA GENERAL SUMARIO

A. Obras.

Arminjon, P., Nolde, B., Wolff, W. - Traité *de droit comparé,* París, 1950-1952, 3 vol.

David, René - *Traité élémentaire de droit civil comparé,* París, 1950. - *Les grands systèmes de droit contemporains,* 4e ed., París, 1971 (Précis Dalloz).

Gutteridge, H. C. - *Comparative Law. An Introduction to the Comparative Method of Legal Study and Research,* 2° ed., Cambridge, 1949 (traducido al francés con el título *Le droit comparé,* París, 1953).

Hall, Jerome. - *Comparative Law and Social Theory,* Bâton Rouge, 1963.

Martinez Paz, E. - *Introducción al estudio del derecho civil comparado,* Córdoba, 1934, Buenos Aires, 1960.

Sarfatti, Mario. - *Introduzione allo studio del diritto comparato,* Turín, 1933.

Sauser-Hall, G. - *Fonction et méthode du droit comparé,* Ginebra, 1913.

Schnitzer, A. F. - *Vergleichende Rechtslehre,* 2° ed., Basilea, 1961- de Sola Canizares, F. - *Iniciación al derecho comparado,* Barcelona, 1954.

B. *Recopilaciones*

Congreso Internacional de Derecho Comparado, París 1900 - *Actas de las sesiones y documentos. Congreso Internacional de Derecho Comparado que tuvo lugar en París desde el 31 de julio al 4 de agosto de 1900,* París, 1905-1907, 2 vol.

Mélanges Lambert - *Introduction à l'étude du droit comparé, Recueil d'études en l'honneur d'Edouard Lambert,* París, 1938, 3 vol.

Mélanges Rabel - *Festschrift für Ernst Rabel,* vol. 1, *Rechtsver- gleichung und internationales Privatrecht,* Tübingen, 1954.

Mélanges Yntema - *XXth Century Comparative and Conflicts Law- Legal Essays in Honor of Hessel E. Yntema,* Leyde, 1961.

Essays in Jurisprudence in Honor of Roscoe Pound, publicación de The American Society for Legal History, Nueva York, 1962.

\- *Problèmes contemporains de droit comparé,* Tokio, 1962, 2 vol.

Société de législation comparée. - *Livre du Centenaire de la Société de législation comparée,* t. I, *Un siècle de droit comparé en France (1869-1969) - Les apports du droit comparé au droit positif français,* París, 1969; t. II, *Evolution internationale et problèmes actuels du droit comparé,* París, 1971.

I. INTRODUCCIÓN

Amari, Emerico. - *Critica di una scienza delle legislazioni comparate,* Génova, 1857.

Anthoine de Saint-Joseph, F. - *Concordance entre les Codes civils étrangers et le Code Napoléon,* 2° ed., París, 1856.

Capitant, H. - « Conception, méthode et fonction du droit comparé d'après Saleilles », in *L'Oeuvre juridique de Raymond Saleilles,* 1919.

Cornil, G - « La complexité des sources du droit comparé », in *Mélanges Lambert,* t. I, p. 358.

Hug, W. « The History of Comparative Law », *Harvard Laiv Review,* 1932, p. 1027.

Kohler, J. - *Das Recht als Kulturerscheinung. Einleitung in die ver- gleichende Rechtsivissenschaft,* Würzburg, 1885.

\- «De la méthode du droit comparé», in *Procès-verbaux des séances et documents. Congrès international de droit comparé Paris, 1900),* t. I, París, 1905, p. 227.

Niboyet, J. P. - «Montesquieu et le droit comparé », in *La Pensée politique et constitutionnelle de Montesquieu - Bicentenaire de l'Esprit des lois,* París, 1952.

Pollock, Fr. - « Le droit comparé. Prolégomènes de son histoire», in *Procès-verbaux, des séances et documents. Congrès international de droit comparé (Paris, 1900)*, t. I, 1905, p. 248.

Rheinstein, Max. - « Teaching Tools in Comparative Law », *American Journal of Comparative Law*, n° 1, 1952, p. 99.

Rotondi, Mario. - «Per la storia del diritto comparato (La critica di una seienza delle legislazioni comparate di Emerico Amari)». in *Mélanges Fredericq, Liber Amicorum baron Louis Fredericq*, Gand, 1966, t. II, p. 853.

Saleilles, R. - « Conception et objet de la science du droit comparé », *Bulletin de la Société de législation comparée*, 1900, p. 383.

- « La fonction juridique du droit comparé », *Mélanges Kohler, Jur. Festgabe su J. Kohlers 60. Geburtstag*, Stuttgart, 1909, p. 164.

II EL DESARROLLO DEL DERECHO COMPARADO DURANTE EL SIGLO XX

Académie internationale de droit comparé. - *Actorum Academiae universalis jurisprudentiae comparativae (Mémoires de* F *Académie internationale de droit comparé)*, publiés par les soins de Elemer Balogh, vol I, Berlín, 1928, vol. II, París, 1934.

Dainow, J. - « Le droit civil et la Common Law - Quelques points de comparaison », in *Mélanges Fredericq*, Gand, 1966,1.1, p. 257

- Gorla, Gino. «Intérêts et problèmes de la comparaison entre le droit continental et la Common Law », *Revue internationale de droit comparé* (RIDC), 1963, p. 5.

lonasco, Trajan. - «Le Conseil législatif roumain. Organe de technologie et de politique législative, destiné aussi à l'unification des droits locaux d'un même Etat unitaire », in *Mélanges Lambert*, Paris, 1938, t. II p, 766.

Lehr, Ernst. - Éléments de droit russe, París, 1877.

- Éléments de droit civil anglais, París, 1885-
- Éléments de droit Scandinave, 1901.
- Études sur le droit civil des Etats-Unis, París, 1906
- Levy-Ullmann, H. - «De l'utilité des études comparatives», *Revue du droit* (Québec), 1923, p. 380.
- *Vers le droit mondial du XXe siècle,* separata del Prefacio al t. I de la «Coll, d'études théoriques et pratiques de droit étranger, de droit comparé et de droit international» *(De la Condition des Sociétés étrangères aux Etats-Unis d'Amérique)*, por P. Lepaulle, París, 1923.

Pound, Roscoe. - « The Revival of Comparative Law », *Tulane Law Review*, vol. 5, 1930, p. 1.

Roguin, Ernest. - *Traité de droit civil comparé*, 17 vols, París, 1904-1912.

Société de législation comparée. - *Les transformations du droit dans les principaux pays depuis cinquante ans (1869-1919), Livre du Cinquantenaire de la Société de législation comparée*, París, t. I, 1922, t. II 1923.

Tanaka, K. - Esquisse d'une théorie du droit mondial. *Annales de l'institut de droit, comparé de l'Université de Paris*, III, 1938, p. 303.

Tchkikvadze, W. M. - «L'évolution de la science juridique soviétique », RIDC, 1968, p. 19.

Wigmore, J. H. - *A Panorama of the World's Legal Systems*, Saint- Paul, 1928, 3 vol.

III LOS PROBLEMAS METODOLÓGICOS DESDE EL PUNTO DE VISTA DOCTRINAL Y TEÓRICO

Ascarelli, Tullio. - «La funzione del diritto comparato e il nostro sistema di diritto privato» .in *Annali del Seminario giuridico dell'Universita di Catania*, 1949, III.

- Premesse allo studio del diritto comparato», in *Saggi giuridici*, Milán, 1953 de Ascarate, G.

- *Ensayo de una introduction a estudio de la législation comparada*, Madrid, 1874.

Blagojevic, Borislav T. - « Le droit comparé - méthode ou science », RIDC, 1953, p. 649.

Cassin, René. - « Droits de l'Homme et méthode comparative », RIDC, 1968, p. 449.

Constantinesco, L. - «Les éléments déterminants en tant que critères fondant la science des droits comparés», extracto de *Akrothinia Petros G. Vallindas*, Thessalonique, 1967, p. 235.

- de Francisci, P. - «La scienza del diritto comparato secondo recente dottrine», *Riv. int. di filosofia del diritto*, 1921, p. 234.

Del Vecchio, Giorgio. - *Sull'idea di una scienza universale del diritto comparato*, Turín, 1909.

- «L'unité de l'esprit humain comme hase de la comparaison juridique», RIDC, 1950, p, 686.

- «Le basi del diritto comparato e i principi generali del diritto», in *Problèmes contemporains de droit comparé*», Tokio, 1962, t. I, p. 41.

Dôlle, H. - «Rechtsdogmatik und Rechtsvergleichung», *Rabels Zeitschrift (RabelsZ)*, 1970, p. 403.

Drobnig, U. - «Rechtsvergleichung und Rechtssoziologie», *RabelsZ,* 1953, p. 295.

Ëorsi, G. Réflexions sur la méthode de la comparaison des droits dans le domaine du droit civil», RIDC, 1967, p. 397.

Gorla, Gino. - «*Diritto comparato*», Milán, 1963 (separata de *Enciclopedia del diritto,* Milán, 1964, vol. XII, p. 928).

Hall, Jerome. - *Studies in Jurisprudence and Criminal Theory,* Nueva York, 1958.

Hamson, C. J. - *The Law, its Study and Comparison,* Cambridge, 1955.

lonescu, C. - *Technica si genetica dreptului civil comparut,* Bucarest, 1931.

Kohler, J. - «De la méthode du droit comparé», in *Procès-verbaux des séances et documents. Congrès international de droit comparé (Paris, 1900),* París, 1905, t. I, p. 227.

Lambert, Ed. - *La fonction du droit civil comparé,* París, 1903.

~ «Le rôle du droit comparé dans l'ensemble des disciplines juridiques et ses domaines d'application», in *Mélanges juridiques dédiés à M. Sugiyama,* Tokio, 1940, p. 16.

Lambert, J. - «L'idée d'une science universelle du droit comparé (droit comparé et culture générale)», in Études de droit contemporain, París, 1959, p. 271.

Langrod, G. - «Quelques réflexions méthodologiques sur la comparaison en sciences juridiques, RIDC, 1957, p. 353.

Maridakis, G. S. - « Droit, droit mondial, droit comparé », in *Problèmes contemporains de droit comparé,* Tokio, 1962, t. II, p. 189.

Martinez Paz, E. - *El derecho comparado como dogmática jurídica,* Córdoba, 1946.

Otetelisano, A. - *Esquisse d'une théorie générale de la science du droit comparé,* París, 1940.

Pound, Roscoe. - « Sonie Thoughts about Comparative Law », in *Mélanges Rabel,* Tubingen, 1954, vol. I, p. 7.

Rabel, E. - *Aufgabe und Notwendigkeit der Rechtsvergleichung,* Munich, 1925.

Rodière, R. ~ *Introduction au droit comparé,* publication de l'Association internationale de droit comparé et de la Faculté internationale pour l'enseignement du droit comparé, Barcelona, 1967.

Rotondo, Mario. - *Dogmatica e diritto comparato,* Pavia, 1926.

- *Diritto comparato,* Turín, s. d. (Etracto del *Novissimo Digesto italiano,* V, Turín, 1960, p. 819).

- « Technique du droit, dogmatique et droit comparé », RIDC, 1968, p. 5.

Sarfatti, Mario. - «L'idea di una scienza di diritto comparato universale», Módena, 1954, separata de *Archivio giuridico,* vol. CXLVI, fasc. 1-2 (6° serie, vol. XV, fasc. 1-2), 1954 p. 136.

Savatier, René. - «Les bases sociales du droit comparé et l'accélération de l'Histoire», in *Problèmes contemporains de droit comparé,* Tokio, 1962, t. Il, p. 373.

Sereni, P. - «Función y método del derecho comparado», *Bol. mexicano de derecho comparado,* vol. 41, 1961, p. 333.

da Silva Pereira, C. M. - «Derecho comparado, ciencia autónoma», *Bol, mexicano de derecho comparado,* vol. 17, 1953, p. 9.

Sugiyama, Naojiro. - « Essai d'une conception synthétique du droit comparé», in *Mélanges Lambert,* París, 1938, t. I, p. 50.

«Table ronde internationale sur les «Perspectives et limites du droit comparé» (Colloque de Budapest, 1969), RIDC, 1970, p. 85.

Vallindas, P. G. - *Introduction au droit comparé* (en grec), Salónica, 1952.

IV. EL DERECHO COMPARADO CONSIDERADO COMO UN MODO DE ABORDAJE CIENTÍFICO DE LOS SISTEMAS JURÍDICOS

Allott, A. N. - *Essays in African Law,* 1960.

- « Towards the Unification of Laws in Africa », *The International and Comparative Laiv Quarterly,* vol. 14, 1965, p. 366.

- *New Essays in African Law,* 1970.

Anderson, J. N. D. - *Islamic Law in the Modem World,* 1959.

- « The Significance of Islamic Law in the World to-day », *Am. Journ. of Comp. Law,* 1960, p. 187.

Association internationale des sciences juridiques, éd. - *Les Aspects juridiques du développement économique,* París, 1966. (Principalmente para los nuevos países de África).

Baudouin, L. - *Le droit civil de la Province de Québec, modèle vivant de droit comparé,* Montreal, 1953.

Bellon, J, - *Le droit soviétique,* coll. «Que sais-je», 2e éd., París, 1967.

Bousquet, G. H. - *Le droit musulman et son application effective dans le monde,* 1949.

Buckland, W. et McNair, A. D. - *Roman Law and Comparative Laïc,* 2e éd., par F. H. Lawson, 1953.

David, René. - «Existe-t-il un droit occidental», in *Mélanges Yntema,* Leyde, 1961, p. 56.

- *Le droit anglais,* coll. «Que sais-je», 1971.

Dekkers, R. - *Principes nouveaux du droit soviétique,* 1961.

- *Introduction au droit de l'Union soviétique et des Républiques populaires,* Bruselas, 1963.

Eder, Ph. J. - *Comparative Survey of Anglo-American and Latin- American Law, Nueva* York, 1950.

Graveson, R. H. - «De l'influence de la common law sur les systèmes de droit civil existant dans le Commonwealth britannique », RIDC, 1953, p. 658.

Hazard, John N. - « Modernization and Codification », *Revue roumaine de sciences sociales,* 1968, p. 63.

- *Communists and their Law. A Search for the Common Core of Marxian Socialist States,* Chicago, 1969.

Hazard, John N., Shapiro, I et Maggs P. B. - *The Soviet Legal System (Contemporary Documentation and Historical Commentairy),* 2e éd., 1969.

Kahn-Freund, Otto - « English Law and American Law- Sonie Comparative Reflections » in *Essays in Honor of Roscoe Pound,* 1962, p. 362.

Lambert, J. - « La contribution du droit comparé à l'étude des problèmes du sous-développement », in *Problèmes contemporains de droit comparé,* Tokio, 1962, t. II, p. 177.

Lawson, F. H. - *A Common Lawyer looks at the Civil Law,* Ann Arbor, 1953.

Lee, R. W. - *An Introduction to the Roman Dutch Law,* 5e éd., Oxford, 1953.

Levy-Ulmann, H. - *Le système juridique de l'Angleterre (Le système traditionnel),* 1928.

Linant de Bellefonds, Y. - « Volonté interne et volonté déclarée en droit musulman, RIDC, 1958, p. 510.

- *Traité de droit musulman comparé,* París 1965, 2 vol.

McWhinney, E. - *Canadien Jurisprudence; the Civil Law and Comparative Law in Canada,* 1958.

Milliot, L. - «L'idée de la loi dans l'Islam», in *Travaux de la Semaine internationale de droit musulman,* París, 1953.

Rozmaryn, Stefan, dir. - *Introduction à l'étude du droit polonais,* publié par le Comité des Sciences juridiques de l'Académie polonaise des Sciences, Varsovia, 1967.

Saleilles, R. - *Essai d'une théorie générale de T obligation d'après le Code civil allemand,* París, 1890.

Schlesinger, R. B. *Comparative Law (Cases, Text, Materials)*, 2e éd., Londres.

Les Systèmes de droit contemporain. - Collection publiée par l'institut de droit comparé de Paris con la dirección de M. René David.

Vol. publicados de 1948 à 1971 referidos sucesivamente: Inglaterra, el drerecho musulmán, Hungría, Estados Unidos de América (3 vol.), l'URSS (3 vol.), Isla de Jersey, Francia (2 vol), Túnez, Yugoslavia, Líbano, Provincia de Quebec (2 vol.), Camboya, Japón, India, República Popular China.

V. COMPARACIÓN U OPOSICIÓN DE LOS SISTEMAS

Association internationale des sciences juridiques. - «Les réunions de l'Association internationale des sciences juridiques (Copenhague 16-19 sept. 1969). - Colloque sur l'harmonisation régionale des droits nationaux», RIDC, 1969, p. 580.

Bärmann, J. - «Les communautés européennes et le rapprochement des droits », RIDC, 1960, p. 9.

Ganshof van der Meersch, N. Y., dir. - *Le Droit des Communautés européennes. - Les Novelles,* Bruselas, 1969.

Gerbet, P. et Pepy, D., dir. - *La Décision dans les Communautés européennes,* coll. «Grands colloques européens», Bruselas, 1969.

Graveson R. H. - «L'influence du droit comparé sur le rapprochement des peuples», RIDC, 1958, p. 501.

Hémard, J. - «Une enquête sur les contrats d'exclusivité, le refus de vente et les prix imposés dans les pays du Marché commun», RIDC, 1964, p. 701.

Lambert, J. - « La contribution du droit comparé à l'étude des problèmes du sous-développement », in *Problèmes contemporains de droit comparé,* Tokio, 1962, t. II, p. 177.

Limpens, A. - « Harmonisation des législations dans le cadre du Marché commun», RIDC, 1967, p. 621.

Loeber, D. A. - « Rechtsvergleichung zwischen Làndern mit ver- schiedener Wirtschaftsordnung ». *RabelsZ,* 1961, p. 201.

Monaco, R. - « Comparaison et rapprochement des législations dans le Marché commun européen », RIDC, 1960, p. 61.

Noda, Yosiyuki. - «La réception du droit français au Japon», RIDC, 1963, p. 543.

Novoa Monreal, Ed. - «La integración jurídica latino-americana », *Rev. de derecho y ciencias sociales* (Concepción, Chile), 1966.

Recueil des travaux de la troisième semaine juridique turco-suisse. Publication de la Faculté de droit d'Ankara, 1966.

Schnitzer, Adolf Fr. - « Ist massive Rezeption fremden Redits gerechtfertigt?». *Problèmes contemporains de droit comparé,* Tokio, 1962, t. I, p. 115.

- Die Annaherung der Volker und ihrer Rechte », *Zeitschrift für Rechtsvergleichung,* 1963, p. 227.

Szabo, Imre. - «Science du droit et coexistence pacifique», *Bol. mexicano de derecho comparado,* 1968, p. 421.

Takayanagi, K. - « Contact of the Common Law with the Civil Law in Japan», *The Am. Journ. of Comparative Law,* 1955, p. 60.

Tunc, André. - «La possibilité de comparer le contrat dans des systèmes juridiques à structures économiques différentes », *RabelsZ,* 1962, p. 478.

- «L'affrontement des civilisations contemporaines : destruction ou fécondation mutuelle », *Bol. mexicano de derecho comparado,* 1968, p. 435.

Zajtay, Imre. - «La réception des droits étrangers et le droit comparé», RIDC, 1957, p. 686.

- «Les organisations internationales européennes et le droit comparé», RIDC, 1960, p. 5.

- «La réception globale des droits étrangers», Étude de droit contemporain, Nouvelle Série, París, 1970, p. 31.

Zweigert, Konrad. - «Die Rechtsvergleichung im Dienste der europaïschen Rechtsvereinheitlichung, *RabelsZ,* 1951, p. 387.

- «Der Einfluss des europaïschen Gemeinschaftsrechts auf die Rechtsordnung der Mitgliedstaaten », *RabelsZ,* 1964, p. 601.

VI. DERECHO COMPARADO Y UNIFICACIÓN DE LOS DERECHOS

Castejón, F. - «El estudio del derecho comparado como medio de investigar las materias susceptibles de unificación internacional», *Rev. del Instituto de derecho comparado* (Barcelona), N° 10, 1958, p. 56.

Catalano, N. - «La Communauté économique européenne et l'unification, le rapprochement et l'harmonisation du droit des Etats membres », RIDC, 1961, p, 5.

Droz, Georges A. L. - «La Conférence de La Haye de droit international privé et les méthodes d'unification du droit : traités internationaux ou lois modèles ? », RIDC, 1961, p. 507.

Elola, J. - «En torno a la unificación jurídica en América latina», *Bol. mexicano de derecho comparado,* 1960, p. 11.

Graveson, R. H. - « L'étendue du domaine de l'unification du droit », RIDC, 1964, p. 5.

Honnold, J. - *Unification of the Law Governing International Sales of Goods- The Comparison and Possible Harmonization of National and Régional Unifications,* 1966.

«The International Unification of Law - a Symposium ». - Numéro spécial de *The American Journal of Comparative Law,* vol. 16, N° 1-2, 1968 (avec notamment des articles de A. Allott, R. David, R. H. Graveson, J. Hellner, P. B. Maggs, K. H. Nadel- mann).

Limpens, J. - «Les constantes de l'unification du droit privé», RIDC, 1958, p. 277.

«Relations entre l'unification au niveau régional et l'unification au niveau universel », RIDC, 1964, p. 13.

Matteucci, M. - «L'évolution en matière d'unification du droit», RIDC, 1961, p. 285.

«Les organisations internationales européennes et le droit comparé», numéro spécial de la RIDC, N° 1, 1960.

Pound, Roscoe. - *The Spirit of the Common Law,* Boston, 1921.

Projecto de législation uniforme para Latinoamérica sobre títulos y *valores,* Buenos Aires, 1967 (Projet de loi uniforme sur les titres négociables présenté par l'INTAL, créé par la Banque internationale de développement, organe de l'OEA (Organisation des Etats américains).

Rabel, Ernst. - «Die Haager Konferenz über die Vereinheitlichung des Kaufrechts », *RabelsZ,* 1952, p. 212.

Ire Rencontre des Organisations s'occupant de l'Unification du droit (Barcelona, 1956), *Annuaire d'Unidroit,* t. IL (1956), Roma, 1957.

Sarfatti, Mario. «Le droit comparé en fonction de l'unification du droit», RIDC, 1951, p. 69.

Tallon, Denis, - «L'étude du droit comparé comme moyen de rechercher les matières susceptibles d'unification internationale», Études de droit contemporain, Nouvelle Série, París, 1963, p. 149.

de Vries, H. P. - «Universalisme et unification du droit aux Etats- Unis d'Amérique», RIDC, 1955, p. 542.

Wahl, Ed. - « Methoden und Grenzen der Rechtsvereinheitlichung », *Zeitschrift fiir auslandisches und internationales Privatrecht,* 1950, p. 298.

Zweigert, Konrad. - « Die Rechtsvergleichung im Dienste der Rechtsvereinheitlichung », *Ibid.*, p. 263.

Yntema, H. E. - « Comparative Research and Unification of Law », *Michigan Law Review*, 1943, p. 261.

VII. LOS MÉTODOS CONCRETOS DE LA INVESTIGACIÓN COMPARATIVA

Bel, Jean. - «Informa tique et droit comparé», RIDC, 1970, p. 269.

Carbonnier, Jean. - «Le Colloque sur le concept de la légalité dans les pays socialistes» (Colloque de l'AISJ, Varsovie, sept. 1958), RIDC, 1959, p. 77.

Flexible droit. Textes pour une sociologie du droit sans rigueur, París, 1969.

Hamson, C. J. - *The Comparative Study of Laiv. The English Trial and Comparative Law,* Cambridge, 1952.

- «La notion de légalité dans les pays occidentaux», RIDC, 1958, p. 5.

Holleaux, G. - *De la filiation en droit allemand, suisse et français,* Essai de droit comparé, París, 1966.

Kramer Ernst A. - « Topik und Rechtsvergleichung », *RabelsZ,* 1969, p. 1.

Lawson, F. H. - « The Field of Comparative Law », *Juridical Review* (Edimburgo), 1949, p. 16.

Lee, R. W. - « Comparative Law and Comparative Lawyers », *Journal of the Publie Teachers of Law,* 1936, p. 1.

McWhinney, Ed. - « Toward the Scientific Study of Values in Comparative Law Research », *Mélanges Yntema,* Leyde, 1961, p. 29.

Mehl, L. - «Informatique juridique et droit comparé », RIDC, 1968, p. 617 (numéro spécial « L'informatique et le droit »).

Rouast, A., dir. - *Le Régime matrimonial dans les législations contemporaines* (Travaux et recherches de l'institut de droit comparé de l'Université de Paris, t. XIII), París, 1957.

Rozmaryn, Stefan. - «A propos des Colloques de l'Association internationale des sciences juridiques sur la règle de la légalité », RIDC, 1958, p. 69.

- Étude comparative de cas administratifs concrets», RIDC, 1967, p. 421.

Sandrock, Otto. - Über Sinn und Méthode zivilistischer Rechtsvergleichung, Francfort, 1966.

Schlesinger, R. B. - « The Common Core of Legal Systems- an Emerging Subject of Comparative Study », *Mélanges Yntema,* Leyde, 1961, p. 65.

Schlesinger, R. B, et Bonassies, P. - « Le fonds commun des systèmes juridiques. Observations sur un nouveau projet de recherches », RIDC, 1963, p. 501.

Société de législation comparée. - «Le 80me Anniversaire de la Société de législation comparée (« La méthode du droit comparé en matière de droit privé » - « La méthode comparative en droit public » - « La méthode du droit comparé en matière de droit pénal ») », RIDC, p. 487.

Stone, F. F. - « The End to be Served by Comparative Law », *Tulane Law Review,* vol. 25, 1951, p. 325.

Terré, Fr. - «Les méthodes de recherche sociologique en droit comparé », Études de droit contemporain, Nouvelle série (VIIIe Congrès international de droit comparé, Pescara, 1970), París, 1970.

Viehweg, Th. - *Topik und Jurisprudenz,* 3e éd., 1965.

Zweigert, Konrad. - «Des solutions identiques par des voies différentes (Quelques observations en matière de droit comparé-)», RIDC, 1966, p. 5.

VIII. SIGNIFICACIÓN ACTUAL DEL DERECHO COMPARADO

Association internationale des sciences juridiques. - *Le Concept de la légalité dans les pays socialistes,* Colloque de l'AISJ; 10-16 septembre 1958, publié par l'Académie polonaise des Sciences, Comité des Sciences juridiques, Varsovia, 1961.

Cappelletti, Mauro - *Il Controllo guidiziario di costituzionalità delle leggi nel diritto comparato,* Milán, 1968.

David, René. - «Le droit comparé, enseignement de culture générale», RIDC, 1950, p. 682.

\- Comparaison des méthodes et des institutions en matière d'enseignement, leurs mérites et leurs défauts», in *Etudes de droit contemporain,* París, 1959, p. 237.

Graveson, R. H. - « The Unity of Law », *Mélanges Fredericq, Liber Amicorum baron Louis Fredericq,* Gand, 1966, t. I, p. 507.

Gutteridge, H. C. - « Teaching of international and Comparative Law », *Journal of Comparative Législation* (Londres), 1941. p. 23.

Hamson, C. J. - « Droit comparé et enseignement du droit », RIDC. 1950, p. 671.

Hazard, J. - « Comparative Law in legal Education », *Chicago Law Review,* 1951, p. 264.

von Mehren, A. T. *The Civil Law System- Cases and Materials for the comparative Study of Law,* préface de Roscoe Pound, Nueva York, 1957.

Molina Pasquel, R. - «Veinticinco años de evolución del derecho comparado 1940-1965», *Bol. mexicano de derecho comparado,* 1969, p, 57.

« L'Organisation et les buts des Instituts de droit comparé », RIDC, 1955, p. 95.

Pound, Roscoe. - « The Passing of Mainstreetism », *Mélanges Yntema,* Leyde, 1961, p. 3.

Stone, F. F. - On the Teaching of Law Comparatively », *Tulane Law Review,* vol. 22, 1947-1948, p. 158.

- «Tendencias y Organización del derecho comparado en los diversos países», número especial de la *Revista del Instituto de derecho comparado,* Barcelona, vol. 6-7, 1956.

Tunc, André. - « Comparative Law, Peace and Justice » *Mélanges Yntema,* Leyde, 1961, p. 80.

- « Le juriste et la noosphère - la fonction possible des études comparatives dans le monde contemporain », *Problèmes contemporains de droit comparé,* Tokio, 1962, t. II, p. 489.

- «La contribution possible des études juridiques comparatives à une meilleure compréhension entre nations », RIDC, 1964, p. 47.

Zbornik Radova o stranom i uporednom Pravu -Povodom 10 Godina Rada (Colección de trabajos relativos al derecho extranjero y al derecho comparado en ocasión del décimo aniversario) Institut de droit, Belgrade, 1966, p. 557.

Zweigert, Konrad. - «Neue Système und Lehrmittel der Rechtsvergleichung», *RabelsZ,* 1952, p. 397.

Zweigert K. et Kotz H. - *Einführung in die Rechtsvergleichung auf dem Gebiete des Privatrechts,* vol. II, Institutionen, Tübingen, 1969.

Yntema, Hessel E. - « Comparative Legal Research- some Remarks on, Looking out of the Cave" », *Michigan Law Review,* vol. 54, N° 7, p. 899.

- «Le droit comparé et l'humanisme », RIDC, 1958, p. 693.

Utilidad y métodos del derecho comparado. Elementos de introducción general al estudio comparativo de los derechos de Marc Ancel se imprimió en la República Argentina en mayo de 2023.

Made in the USA
Monee, IL
18 October 2026

66035475R00079